企 鹅 人 生

PENGUIN LIVES

亚伯拉罕·林肯

〔澳〕托马斯·基尼利 著

丁建新 译

Abraham Lincoln

生活·讀書·新知 三联书店

目 录

第一章 　　　　　　　　1
第二章 　　　　　　　　15
第三章 　　　　　　　　31
第四章 　　　　　　　　43
第五章 　　　　　　　　57
第六章 　　　　　　　　77
第七章 　　　　　　　　91
第八章 　　　　　　　　107
第九章 　　　　　　　　123
第十章 　　　　　　　　137
第十一章 　　　　　　　151
第十二章 　　　　　　　169

第十三章	185
第十四章	201
第十五章	217
第十六章	231
参考文献	240

第一章

1809年2月12日，一个安息日的早上，亚伯拉罕·林肯（Abraham Lincoln）降生在一条玉米皮絮成的垫子上，垫子下是几块熊皮毯。那时，美国还是个年幼的国家，等待它的是与英国的另一场凶险的战争①。共和国这个新生儿的生身之处是一所木屋，只有一个房间，没有窗户，泥土地面，位于肯塔基州霍金维尔（Hodgenville）附近的哈丁县（Hardin County）。孩子父亲对房屋所在土地的产权还未确定。

亚伯拉罕的母亲南希·汉克斯·林肯（Nancy Hanks Lincoln）高个子，大骨架，强韧，温和，二十五岁上下，非婚生，是个摔跤好手——摔跤在这边远地区是项重要的运动，男女都参加。如一个认识她的人所言，她是"一个勇敢、无畏、大胆的女人，行为举止近乎无可挑剔"。两年前她生了个女儿，名叫萨拉。

这个男孩在一生的大部分时期里，在住过的三个州中，都会被说成有着不体面的出身。据后来跟亚伯拉罕·林肯合开律师事务所的威廉·赫恩登（William H. Herndon）说，有人讲，肯塔基州伊丽莎白敦

---

① 指1812年战争。是美英之间1812至1815年间的战争，又称第二次独立战争。书中脚注均为译者注。

（Elizabethtown）有个磨坊主，叫亚伯拉罕·英洛（Abraham Inlow）；托马斯·林肯（Thomas Lincoln）贪图他的报酬，充当了南希·汉克斯所生婴儿的父亲。而尽管这流言与汤姆①和南希1806年的结婚日期不符，它还是成为后来会纠缠并磨炼亚伯拉罕的一个传闻。

托马斯身材矮胖，三十岁，是个贫困的农民兼木匠，在邻人中有"故事篓子"的名声，这一事实多少佐证了认为他是男孩生身父亲的看法，因为对于粗俗的传说和比喻，亚伯拉罕也会张口就来，而且一生如此，其程度有时连朋友们都纳闷。托马斯特意以父亲的名字称孩子为亚伯拉罕。他父亲是个拓荒者，来自弗吉尼亚。1786年，托马斯还是小孩的时候，与英国人结盟的印第安人当着他的面杀害了他的父亲。

不堪于肯塔基土地产权未定的困扰，汤姆·林肯举家迁往十英里外诺伯溪（Knob Creek）边一处占地二百三十英亩的农场，当时亚伯拉罕还是个婴儿。关于结实的汤姆·林肯，有许多相互矛盾的说法——说他勤劳，说他懒惰；说他没脑筋，说他有拓荒者精神；说他为身

---

① 汤姆，托马斯的简称。

处边远地区的儿子的聪明劲儿而自豪，说他为之而苛责亚伯拉罕。有件事是肯定的，即汤姆以他的方式，成为新教自然经济农民的原型。按照托马斯·杰斐逊（Thomas Jefferson）的梦想，这类人是美国美德的原材料，是适合边远地区的居住者。汤姆及他那一类人会继承美国土地而抵制银行的堕落影响，尽管他们也许不能流利地阅读和书写，但他们的天生智慧和民主动力直接得自这片高贵的土壤。汤姆·林肯很可能并没意识到自己体现了上述理想，他的儿子则很早就拒绝接受这种想法。杰斐逊相信他看到了明显的独立性，林肯却在同样的地方看到无知和当牛做马的劳作。他并不是在对严厉的父亲的赞美中长大的。

随着成长，亚伯拉罕逐渐具备了边远地区少年特有的体格和耐力，但他的精神在这片蛮荒之地总是不得安宁。后来他被提名为总统候选人时，芝加哥的一个记者约翰·斯克里普斯（John L. Scripps）出于撰写竞选小传的需要，追问起他的早年境况。亚伯拉罕引用格雷《墓园挽歌》（*Elegy*）[①]中的句子说："'穷人短暂而简单的生

[①] 《墓园挽歌》，英国诗人托马斯·格雷的抒情诗名作。王佐良先生曾将此句译为"蓬户家史短，简略不足耀"。

平',这就是我的生活,你或任何人都足以一目了然。"

在诺伯溪,六岁的亚伯拉罕开始学习字母,老师是个拥有奴隶的天主教教徒,学校是坎伯兰路(Cumberland Road)上的一幢木屋。这是一所在边远地区人称"唠叨学堂"的学校,学生在里面凭死记硬背学习。在这里,亚伯拉罕跟姐姐萨拉一起,用1815年一个短暂的学期加第二年的一个学期,学会了写自己的名字和计数。

他的父母在一所反奴隶制的浸礼会教堂做礼拜。在蓄奴州,这种有争议的虔敬与诺伯溪农场产权的不断纷争,让托马斯认定,搬到新近公布的、土地勘测更准确的印第安纳准州,他们会过得好些。于是,这家人成为了早期的"胡泽"(Hoosiers),这个名称专指从南部抵达印第安纳的移民。汤姆·林肯先行一步,带了些物件驾一条平底船由盐溪(Salt Geek)顺流而下,驶入俄亥俄河,然后登岸实地物色一块农田。他在离河流十六英里处找到一片地,挨近小镇金特里维尔(Gentryville)。家人迁移时则是徒步,牛车拉着什物随行。将近年末时,他们来到了汤姆申请产权的地块,这是块一百六十英亩灌木丛生的荒地,位于小鸽溪(Little Pigeon Creek)社区。汤姆和南希在这里再度寻求加入一个反奴隶制的浸礼会教会。

初来乍到的三个月里,八岁的亚伯拉罕跟全家住的是三角形的"杆棚",这是汤姆为了应付逼近的冬季而仓促搭建的。棚屋敞开的一面朝南,能避开肆虐的风雪,一大堆篝火就地日夜燃烧。在这里,伴着棚屋里飞旋的雪花或升腾的柴烟,亚伯拉罕和萨拉听南希讲述《圣经》故事、他们加尔文教徒世界观的要义,以及杂七杂八关于月相、幽灵和其他东西的农家迷信。人小鬼大的林肯性情合群,有人路过也会招唤,惹得父亲发火。他已经干上农活,过着农村孩子吃力而长身体的日子——帮助父亲开垦荒地、劈围栏木、耕田、打麦子。不过关于这个蛮荒之地的少年,有件事能立刻丰富他的形象:一次,看见一只野火鸡接近农场,亚伯拉罕抓起枪就从自家门里朝它开了火。摧毁动物生命,目睹鲜血涌出,这是一次令他厌恶的体验。结果,他永远也成不了美国传说中百发百中的边远地区神枪手。

南希·林肯的姨母和姨父——斯帕罗夫妇(the Sparrows)紧随林肯一家之后来到印第安纳。他们带来一个识字不多的孩子丹尼斯·汉克斯(Dennis Hanks),他是南希一个姐妹的私生子。在小林肯和少年丹尼斯这个一些人眼中的傻小子之间,发展出了深厚的友情。那些对亚伯拉罕·林肯后来讲低俗故事的癖好不以为然的人们，常常把他这个习惯归咎于丹尼斯的影响。丹尼斯并不喜欢汤姆·林肯对待亚伯拉罕的方式，这也影响了最初的林肯传记作者，使他们在评价汤姆时颇为严苛。

对于大部分美国人顶礼膜拜的那个加尔文教上帝的意志，小林肯有过许多百思不解的体验。他已经失去过一个襁褓中的兄弟汤姆。而现在，在1818年夏季，一场移民们称做"奶瘟"的疫病横扫小鸽溪地区。患者的症状是舌面生出一层白膜，人们相信这病是通过一些母牛所产的奶传染的，母牛吃了有毒的白蛇根草，自身也难逃一死。斯帕罗夫妇首先染上病，虽有南希照料，他们还是去世了。南希后来被丹尼斯·汉克斯誉为他见过的最慈爱的女人。她自己也病倒了，七天后去世，没有医生救治，因为当地原本就没有医生。病重的南希把萨拉和亚伯拉罕叫到床前。汤姆·林肯用黑樱桃木给她打了棺材，让她体面地躺在他们那只有一个房间的木屋里，然后送她走完最后一程，安息于一英里外林中小丘上的墓中。她年方三十四岁，可是跟边远地区的很多妇女一样，已经形容憔悴，牙齿也掉光了。

汤姆·林肯收留了丹尼斯·汉克斯，让他跟亚伯拉罕一起睡在阁楼上。在整个严寒的冬季中，十二岁的萨拉成了家里的女主人，承担起与这个名义相关的全部杂务。随后的春季里，种完了地，汤姆·林肯把农场交给丹尼斯、亚伯拉罕和萨拉打理，自己南下肯塔基，去向一位女子求婚，那是他从小就心仪而新寡的萨拉·"萨莉"·约翰斯顿（Sarah "Sally" Johnston）。萨莉身体健康，心态积极，品位也比南希高。她自己有一些家具，包括一个精致的大衣柜。成婚之后，汤姆把家具都装上马车，运过俄亥俄河，同行的是他的新娘及其三个子女，他们将成为亚伯拉罕和萨拉的异母兄弟姐妹。如今，阿贝①亲身接触到他的第一张羽毛褥垫、头一个羽毛枕头，接触到大衣柜和取代凳子的漂亮餐椅，而且事实证明高个子的萨莉同样也是一位慈母。林肯后来说她是他世上最好的朋友。她见亚伯拉罕和丹尼斯·汉克斯的衣裤大都是鹿皮的，就给他们换上了比较好的粗斜棉布服装。她还坚持要汤姆·林肯给木屋铺上地板，并开了几扇窗。

丹尼斯·汉克斯也喜欢萨莉，但再次评论托马斯，说他对待小大人似的亚伯拉罕"并不亲近而是相反。跟

---

① 阿贝，亚伯拉罕的简称。

亲生儿子相比,他总是对继子约翰·约翰斯顿显得更加关心"。

尽管林肯一家还在磨合,他们的日子这时的确出现了杰斐逊所展望的若干迹象,牧歌式移民生活的迹象。政府在以每英亩一点二五美元的价格出售土地,托马斯买下了一百英亩。对他木匠手艺的需求是如此之大,建造小鸽溪浸礼会教堂的活计——大部分是义务的——都交给他干了。年少的亚伯拉罕被劝去做教堂司事,大概听了牧师许多反奴隶制的布道,这些内容可能强化了他尚未成熟的观念——认为奴隶制是美国花园中的原生蛇。

汤姆·林肯让农民们雇用他的儿子,每天二十五美分,尤其在亚伯拉罕十一岁之后,这时亚伯拉罕开始蹿个子,并显现出运用斧子的特别天赋。他有时到黑兹尔·多尔西(Hazel Dorsey)的学校上课,那里距离林肯家的农场一英里半。受到继母萨莉的鼓励,他去那所原木垒成的学校时怀着对识字念书的狂热渴望。近五十年后,萨莉在回忆时以肯定的语气说:"我劝说丈夫允许阿贝看书学习,不但在学校,也在家里。起初让他接受这件事可不容易。"

亚伯拉罕长得像已故的母亲。进入青春期后,他养成了讲故事的能力，能引人入胜地讲些正经的以及——数量可观的——不正经的故事。他从不知什么地方弄到一本粗鄙笑话集《奎因的段子》(*Quin's Jests*)，夜里念给开心的、大字不识几个的丹尼斯听。一如读过的所有书籍，亚伯拉罕对这书同样过目不忘。

在冬季收获和春季播种两大农忙期间，他插空断续地上学。韦伯斯特和迪尔沃思的《拼写课本》都收有精心改写的故事，均为亚伯拉罕少年时期的主要读本。此外，重要的还有一本帕森·威姆斯（Parson Weems）的《华盛顿传》(*Life of Washington*)，以及笛福的《鲁滨逊漂流记》,《伊索寓言》, 班扬的《天路历程》和《圣经》。他成人后的言谈会表现出既有力又质朴的特点，而对于此种奇异的混合，这些书都有实质性的影响。一本家庭版《巴克利词典》(*Barclay's Dictionary*)扩充了他的词汇武装库。

少年林肯的标志包括鹿皮衣裤（以及跟裤了相比他总是滑稽地显得太高），加上这副模样引来的姑娘们的嘲笑，导致他跟女人相处始终不够自在，还有他的阅读能力、以边远地区标准来看可谓少年老成的学识，和——前文也提到过——他的一身力气。"从树木倒下的情况看，你会以为有三个人在伐木。"一个见识过亚伯拉罕斧技的人说。

与此矛盾的是，丹尼斯·汉克斯咬定："林肯很懒……他总是看书——勾勾画画——写字——算数——连萨莉·林肯都会承认他虽然不缺力气，就是不爱干活，只愿'一味求知'。"他还给日后推崇自己的人们出了难题，他越来越怀疑天命，怀疑加尔文教派的上帝，这位天神在来世把许多人打入了地狱而救出的寥寥无几。这叫什么上帝，明知在来世会把一部分罚进地狱而拯救另一部分，居然要如此造人？按照亚伯拉罕钟爱的诗人伯恩斯（Burns）的说法，这位上帝——

> 送一人上天堂而十人下地狱
> 为了你的荣誉，
> 而非因其善恶
> 他们任你处置，随心所欲！

在19世纪的美国，这是许多敏感的心灵试图解开的一大谜团，而尽管亚伯拉罕人高马大，但他的心灵也是其中之一。他的姐姐萨拉嫁给了阿伦·格里格斯比（Aaron

Grigsby），亚伯拉罕并不喜欢此人。在他十七岁的时候，姐姐萨拉连同腹中未能产下的婴儿一同逝去。上帝莫名其妙的意志又一次作用于人世，其不合情理使年轻的林肯越发迷惘。对于庸常信仰的抚慰，他的心灵既轻视又向往。

现在亚伯拉罕已经开始以自身劳力换取图书而非杂货了。他由此得到了凯莱布·宾厄姆（Caleb Bingham）的《美国导师》（*American Preceptor*）和《哥伦比亚演说家》（*Columbian Orator*），这两本书都旨在向年轻人传授口才。他还对河流表现出了很大兴趣，以此作为走出困惑的一种方式。小鸽溪大概是"世上最平庸乏味的地方"了，而虽然丛林密布，西部水系的众多河流毕竟提供了可能，可以凭借它们抵达为自我重生而设的希望之乡。在安德森河与俄亥俄河的汇合处，他为搭乘汽船的旅客摆渡，或者运送他们南下肯塔基。一天，他划小船送两个商人到河心去搭乘驶来的汽船。登上汽船时，两人都往林肯的船舱里扔了一枚半美元的银币。

如今的我们难以想象，对于一个印第安纳农家子，当时这件事的影响有多么巨大。虽然为凑钱买地多少攒下过一些钱，但林肯家在现金经济中从未依靠稳定的收入生活。汤姆·林肯不是用钱买东西:他自己种小麦、棉花和蔬菜。自己鞣皮子。用自家出产的鹿皮、棉花和亚麻做衣服。在附近金特里维尔镇上的商店买食糖和咖啡时,支付的是家猪、鹿火腿和浣熊皮。亚伯拉罕的劳力通常换到的是杂货。不过此时,他在小船船板上闪着光的银币中,看到了从无现金世界解放的希望,那个世界不尊崇学问,看重的是令人头脑麻木的力气活儿和生猛的肌肉。但那里也存在真正的动力,对道路、运河和内河航运条件加以种种改善,将成为他正在萌生的政治观念的要素。

　　后来,在白宫里,他会谈到这件事:"先生们,你们可能以为这是微不足道的事情……然而它是我生活中最为重大的事件……在我眼前,世界显得更加广阔和更加美好了。"

第二章

1828年春天到来的时候，零售商詹姆斯·金特里（James Gentry，金特里维尔的地名即源自此人）计划派出一条平底船，装载粮食、肉、糖和烟草，运向新奥尔良。金特里的儿子艾伦跟亚伯拉罕是朋友，他担任船长，林肯则受雇做桨手。他们从俄亥俄河畔的罗克波特（Rockport）出发，这条河是印第安纳州和肯塔基州的界河。他们驾船顺流而下，进入密西西比河，水流将他们送到异地他乡，生长着铁兰并通行奴隶制的地方。他们把船停在巴顿鲁奇（Baton Rouge）附近的一个种植园，在那里出售一部分货物。夜里，七个奴隶持刀摸上了他们的船。阿贝和艾伦惊醒，操起棍棒，总算把这伙人赶跑了。后来有些人不免想到，1828年在密西西比河上，黑奴的这位大救星倘若成了他将来要解放的这些人的刀下鬼，天知道美国的命运又会如何。

新奥尔良是林肯当时见过的最大的城镇。有七千条像他所乘的那种平底船云集于此，就地出售运来的货物。镇上法国区建筑的优雅与奴隶聚居地带的脏乱，展示着南部的矛盾性。平底船在货物售出后可以丢弃，他们回程搭乘了汽船。到家的时候，亚伯拉罕拿出了二十五美元现金交给父亲。

就这样，那年夏天，年轻的林肯有了一些闲暇可以出入罗克波特和布恩维尔（Boonville）的法庭，还得到了一册大众版《印第安纳法规修订本》。他第一次读到《独立宣言》和《宪法》。他注意到在法庭上，律师们是那样频繁地查阅它们。

在沃巴什河（Wabash River）彼岸的伊利诺伊州有机会得到新的土地，这一消息在印第安纳州流传开了。丹尼斯·汉克斯（他娶了阿贝的一个异母姐妹）在1829年冬天的奶瘟中损失了许多牲畜。托马斯·林肯也遭遇了同样的厄运，于是他把土地卖给詹姆斯·金特里，粮食和牲畜则卖给另一个印第安纳移民，然后于1830年春季，赶着一辆由两头牛拉的大车踏上西迁之路。伊利诺伊已经以投票表决的方式成为非蓄奴州，不过，若以为在迁往伊利诺伊南部的途中，汤姆在为受奴役的黑人说好话，那就错了。跟伊利诺伊的大多数新移民一样，他既将黑人当做所憎恶的南部贵族的财产，又视之为工作机会的潜在竞争者，他们总是会拉低工资——事实也是如此——无论酬劳是实物还是现金。不管这次迁居的动机究竟如何，其中之一也许在于，汉克斯的一个亲戚已经移居伊利诺伊州梅肯县（Macon County），把那里说得相当美好。

林肯那一大家人——共十三口,包括丹尼斯夫妇——趟过涨水的溪流,走过解冻的小路,进入了伊利诺伊州。横越卡斯卡斯基亚(Kaskaskia)河时,牛车几乎被暴涨的激流冲走。他们移居到迪凯特(Decatur)西部,"就在桑加蒙河(Sangamon River)北岸,地处森林地与大草原的接合部"。

在这里,刚满二十一岁的阿贝帮助父亲伐木重建小屋,开垦出十英亩田地,种植棉花。时至此日,父子虽然一起劳作,实际却形同路人。阿贝那些《印第安纳法规修订本》之类的书,已经拉开了父子之间的距离。

夏季,亚伯拉罕开始参加政治集会。在迪凯特一家商店外的一次集会上,当地一名政坛人物的演讲主题为疏浚桑加蒙河,以便本地商人顺流直抵新奥尔良。他的讲话平淡乏味,林肯因而就此发表了自己首次充满激情的演说。如一个听众后来所言,在倡导公共建设工程,即如今所谓的基础设施建设方面,这次演说体现了林肯随后二十年里讲话的典型特点。

那年秋季,林肯家的每个人都因染上他们所称的"冷热病"而病倒,那是一种疟疾热病。躲过这一劫后,他们又面临一个难忘的冬天——人们称之为"大雪的冬天"——牛马在狂风暴雪中挣扎,因寒冷饥饿衰竭而死。在迪凯特县花一现的激情演说之后,乡下的热病和雪灾已使林肯回到现实。

然而,桑加蒙河流经伊利诺伊注入密西西比河,给亚伯拉罕提供了另一条可能的出路。与异母兄弟约翰·约翰斯顿,以及母系表亲约翰·汉克斯一起,亚伯拉罕计划再运一船货物到新奥尔良去。提供货物的是投机商兼零售商登顿·奥法特(Denton Offut)。几个年轻人说干就干,在桑加蒙河岸上造起平底船来。据约翰·汉克斯说,船长八十英尺、宽十八英尺,装载了成桶的猪肉和粮食,在下游还会加载生猪。就在纽塞勒姆(New Salem)村边,这条庞大的重载船在磨坊水坝搁浅了。看热闹的村民印象深刻地目睹一名大个子船夫指挥若定,下令卸掉大部分货物,然后在船头钻了个孔,让足够的水涌入以使整条大船前倾,越过坝体。奥法特也深深折服于阿贝的壮举,产生了给这个能干的年轻人一份工作的想法。

平底船上安了一块用木板做的"帆",乘风而行,快速驶过比尔兹敦(Beardstown)。("一些居民出门来嘲笑他们",当时曾有个人说。)他们进入密西西比河,这段河流在圣路易斯（St. Louis）北面拐了个大弯。在俄亥俄河汇入密西西比河之处，他们经过了开罗港——伊利诺伊州南部的一个河港，它将在未来的战争中具有重大影响。他们在孟菲斯（Memphis）、维克斯堡（Vicksburg）和那奇兹（Natchez）停留以进行交易。约翰·汉克斯回忆起重到新奥尔良对亚伯拉罕的影响："就是在当地当时，我们看到黑人被铁链拴着，受到虐待、鞭打和驱赶。林肯看在眼里，痛在心中，没多说什么……我知道，可以说正是在那次出行中，他形成了对奴隶制的看法。当时当地，1831年5月，那一幕就刻进了他的心头。"

奥法特南下时采取了更舒适的方式，他搭乘内河汽船，在新奥尔良迎上阿贝、约翰·汉克斯和约翰斯顿，查看货物的销售状况后带他们乘汽船返回圣路易斯。奥法特在那里转往别处打理生意，三个平底船水手则步行进入伊利诺伊内地，路程差不多有一百英里。

阿贝在外奔波的时候，汤姆·林肯已经把家搬到科尔斯县，他的最后一个农场。而登顿·奥法特在纽塞勒姆时已买下那个磨坊，决定开一家杂货店，并雇阿贝当伙计。纽塞勒姆是河边陡岸上的一个小镇，但自成一体，有自己的政治、帮派和街巷生活。于是，二十二岁的阿贝接受了这份工作，从此以后或多或少地摆脱了父亲的影响。这时的林肯穿的是土布裤子，做工粗糙，裤腿短了好几英寸。

刚到镇上时，一个居民觉得"再也找不到比他更古怪的人了"。另一个人记得"他的样子非常特别"。当地的医生贾森·邓肯（Jason Ducan）大夫则"发现这个小伙子有极吸引人之处，显得聪明，远非一般年轻人可及"……人们记得，在奥法特的店里，林肯趁没人光顾的间隙专心阅读，连五分钟的空当都不放过。有个后来成为林肯朋友的人，第一次见到林肯是在当地的一间屋子里：他躺在矮床上，一边用脚推晃摇篮一边看书。另一个村民记得他坐在一堆木头上，读着一本法规条文。在街上，从一群人走向另一群时，他也总是手不离书。

匪夷所思的幽默感使他很有人缘。尽管衣着寒酸，蓝牛仔裤、"一双劣质的斯托加鞋"，以及一顶"压低的宽檐帽"，但他是个热心而称职的店员。他跟农民们在店里互相说笑，也参加他们的赛跑和伐木比赛。他与一个离职教师一起钓鱼。此人叫杰克·凯尔索（Jack Kelso），是莎士比亚作品的热烈赞赏者。在沿着河岸凿开的冰窟窟边，两人纵谈这位大诗人的剧作及其独白。他加入当地一个辩论社，并在旧仓库里的一次聚会上大胆地表达他对《圣经》的若干怀疑，都是由阅读汤姆·潘恩（Tom Paine）著作而产生的。他对一个朋友说，《新约》的历史表明，基督是个私生子，基督之母也是个身份低贱的女人。林肯不属于任何教会，但他似乎认同自然神论的传统，其概念在于一种至高至大的无限智慧，一位神圣的造物主。他还反对预定论的观念，而穷乡僻壤的布道所都以之为信条。

在纽塞勒姆安顿下来不久，他成了一帮人的嘲弄对象。这伙人号称"克拉里·格罗夫小子"（Clary Grove Boys），领头的叫杰克·阿姆斯特朗（Jack Armstrong）。他们对当地一切不同寻常的事物都刻薄地嘲讽。亚伯拉罕也许是很古怪，但个头很大。奥法特和另一家商店的店主比尔·克拉里（Bill Clary）促成并安排了一场摔跤比赛。人们押下赌注，日子也定妥了。杰克·阿姆斯特朗似乎采用了违规的擒拿动作，林肯因此退后并指责他。当林肯把阿姆斯特朗摔了个四脚朝天时，人人都清楚地见识到他的过人膂力。据几个版本的描述所言，"克拉里·格罗夫小子"一干人看来心有不甘，然而阿姆斯特朗将他们从毫不退让的林肯身边喝退。他由此成为林肯毕生的朋友和推崇者。

这场对决使亚伯拉罕在纽塞勒姆名声大振。不过他所讲的诸多笑话之一也起到了同样效果，这笑话编派的是一个用裤子逮住负鼠的传道士。亚伯拉罕读汤姆·潘恩的著作、罗比·伯恩斯的诗歌，也读康斯坦丁·沃尔尼（Constantin Volney）轻慢宗教的《废墟》（Ruins），并受其促动于1834年写下了他自己的"论无信仰的小书"，抨击基督的神圣性、《圣经》的真实性，以及预定论的逻辑性。他打算向报社投稿发表。一家商店的老板娘、林肯的朋友帕西娜·希尔（Parthena Hill）记得，她明智的丈夫萨姆从作者手中夺下文稿，投入炉中付之一炬。此举可谓帮了大忙，因为这小册子的威力足以毁掉这个年轻人的政治前途。

1832年年初，二十二岁时，林肯宣布自己竞争州议员候选人。他的政治纲领——他发表的第一篇文章——刊登在斯普林菲尔德（Springfield）1832年3月15日的《桑加蒙日报》上。他宣称自己是"改进项目"的支持者。当时，这种观念对于一些人要比现在看来异类得多。改进项目需要融资银行的存在，而民主党人讨厌银行，认为它是旧世界的怪物，应当把杰斐逊心目中的农民从它的魔掌下解救出来。林肯的政治先知，肯塔基人亨利·克莱（Henry Clay），设计了一个他称为"美国体系"的模式：对内地改进项目（如拓宽桑加蒙河——青年亚伯拉罕钟爱的项目，还有疏浚运河和铺设铁路）的补贴，以及造就国家投资与通货统一体系的国家银行。已经由克莱改造成现代团体的党叫做辉格党，名字取自英国的自由进步派。亚伯拉罕就是个辉格党人，代表着不同于汤姆·林肯所身处的那个世界。

发表在报纸上的竞选纲领陈述了克莱的设想，年轻的亚伯拉罕打动人心地说："我出生在社会最底层，也一直身处其中。我没有富裕或显赫的亲友推荐。我的胜负完全取决于这个国家的独立选民……"这段话本身还算不上精彩，但对汤姆·林肯的儿子而言，它已经大大好过于他少年时期在习字簿上的文字：

> 亚伯拉罕·林肯是我的姓名
> 写到纸上也没有不同
> 我大笔一挥龙飞凤舞

留在这里给傻瓜们读

至于口才,他在一次竞选演讲中说:"我的政见简短而美妙,就像老太婆的舞蹈。我赞同国家银行、高保护性关税,以及内地改进体系。如果当选,我会十分感激。如果落选,我可以一如既往,干活吃饭。"这里,林肯初试身手就表现出西部做派的简洁有力和不加掩饰。他的语言风格,后来会通过马克·吐温的小说在全球流行开。

奥法特的商店苦于缺乏河上运输,于是一艘河船"塔利斯曼"号,闻讯从伊利诺伊州而来,打算征服当地的处处浅滩。奥法特说服船长博格·文森特(Bogue Vincent),让亚伯拉罕·林肯担任桑加蒙河引航员,因为林肯对这条河的所有浅水区了如指掌。要是"塔利斯曼"号能够定期往来,就可以振兴通达纽塞勒姆的河上贸易,并给奥法特拥有的土地带来新的价值。可是,即便有亚伯拉罕站在"塔利斯曼"号船头,砍掉行进中迎来的低垂树枝,汽船也无法抵达纽塞勒姆。这条船放弃尝试,掉头返回了新奥尔良,奥法特的商店随即倒闭,林肯也就失了业。

林肯的政治活动刚刚开始,奥法特对他的雇佣已经结束。这时，一个从军的机会意外降临。"黑鹰"是印第安福克斯（Fox）和索克（Sauk）部族的老首领。1804年，"黑鹰"还年轻时，作为与合众国的协议结果，并不满意的他与族人被驱赶到艾奥瓦（Iowa）。1812年，福克斯和索克部族站到英国人一边，希望战胜美国人，保住他们在伊利诺伊的居留地。可是当英国人战败时，这些土生土长的人们连先前在艾奥瓦拥有的土地都遭到剥夺，被安置在一个更不如意的地区。他们食不果腹，在北边又受到其他部族，包括达科他人（Dakota）的挤压，于是，1842年春在"黑鹰"的率领下，他们越过密西西比河，回到家乡——伊利诺伊州北部的罗克河（Rock River）地区。怀着几分尊严，"黑鹰"宣称打算在世代传承的土地上种玉米；不过在试图这么做的时候，他和他的战士们违背了早先及后来的协议。

林肯是听着祖父在肯塔基被印第安掠夺者残杀的故事长大的，因而并不认为将印第安人赶出故土为移民让路属于国家犯下的罪行——而当黑人男女身受奴役以增加南部财主的财富时，他的想法不一样了。尽管他夏季加入民兵之举也许带有一定的政治考虑，并打算于8月下旬返回纽塞勒姆以赶上选举，但他最终跨上借来的马离家出征，因为他一心认定，罗克河河谷的移民不应当受到印第安人的骚扰。他加入的科尔斯县连队在拉什维尔（Rushville）集结时，他被选为这个连的上尉。在该县比尔兹敦和拉什维尔之间，组成了总共四个团加一个侦察营。他们随即进军罗克河口。

亚伯拉罕·林肯对于自己的权力颇为自得——后来他说，当选上尉带给他的满足，毕其一生都没有其他成就能与之相当。有个熟识的人回忆，林肯"指挥着世上最野蛮的连队"，并在纵横队形的大演习中操练他们。在追击"黑鹰"及与五百名部下穿过伊利诺伊州北部的过程中，林肯结交了一些重要的朋友。一个是民兵旅少校约翰·托德·斯图尔特（John Todd Stuart），他是斯普林菲尔德的律师，伊利诺伊州辉格党的要人；另一个是奥维尔·希克曼·布朗宁（Orville Hickman Browning），他有朝一日将护送当选总统林肯从斯普林菲尔德到华盛顿就职。亚伯拉罕给斯图尔特留下的最初印象，是他的一身力气、摔跤和多种体育运动的技能，以及他是"一个酷爱笑话和喜欢讲故事的人"。林肯引起的唯一非议是，入伍初期，他的手下——许多来自"克拉里·格罗夫小子"——袭击了为军官运载威士忌的马车。上级责令林肯佩带了两天木剑,以示惩戒。

与一味极力利用自己的服役史的政客不同,林肯后来自嘲地将他的从军经历描述成一场场与蚊虫的血战,和一次次向野葱地和离群的猪发起的冲锋。因为在沿罗克河向上游追击的泥泞而艰难的行军中,与扎卡里·泰勒(Zachary Taylor)上尉所率正规军并肩作战的林肯连,食物供应严重不足。"黑鹰"及其战士过河进入威斯康星之后,林肯的许多部下都认为大功告成。然而林肯续签了一个月的兵役合同——商店已经倒闭,他当不成伙计了——随后又签了一个月,即使他只能当个一等兵。

服役期间,他曾在比尔兹敦邂逅一个妓女;而据另外的消息来源,他在加利纳也遇到过一个。赫恩登后来讲,林肯对他说过自己染上了梅毒。无论真实与否,害怕将疾病传给他人会使林肯对结婚感到焦虑。

在接下来的行军中,林肯和战友发现了五个不久前被"黑鹰"一伙杀害的白人。"每人头顶都有个圆形的红色伤口。"他们被剥了头皮。最终在威斯康星追上"黑鹰"的队伍时,这样的经历无疑使这支正规军表现得凶狠无情。

这时,他的第三个月服役期已过。林肯返回纽塞勒姆,从事更多的选举活动。军中官兵的敬重给了他新的自信。选举中,他在十三个人中位列第八。不管怎样,在纽塞勒姆投票站,超过四分之三的本地公民把票投给了他。纽塞勒姆成了他的政治基地。由于这个原因,他无法确定自己是否承受得起离开这里的后果。然而一个让他矛盾的诱惑出现了,那就是如斯图尔特少校极力主张的——学习法律,并由此进入更加广阔的世界。

回到纽塞勒姆,阿贝跟朋友们重叙友情,其中包括拉特利奇客栈主人拉特利奇夫妇(the Rutledges)的女儿,安。林肯曾经数次寄宿于这家客栈。安正当妙龄——与林肯初遇时她刚十九岁——以纽塞勒姆的标准衡量是位受过良好教育,令人心仪的年轻女子。一个来自东部边远地区的男青年,本来跟她订下婚约,忽然对她说自己必须远行,去打理已故父亲的生意,又说早晚会回到纽塞勒姆来迎娶她。比利·赫恩登后来声称,安·拉特利奇是林肯唯一真正爱过的女子,而且安·拉特利奇的未婚夫离开纽塞勒姆的时间越长,亚伯拉罕·林肯的希望就越大。有些朋友后来认为安不过是亚伯拉罕的朋友,但是在传说中,她就是他的真爱。

第三章

1832 年，亚伯拉罕跟牧师之子威廉·贝里（William F. Berry）合伙，买下了奥法特的商店。没过多久，纽塞勒姆另一家商店出让，林肯和贝里也盘了下来——有传言说，这个店主是被"克拉里·格罗夫小子"逼走的。收购费用全部由期票支付，林肯和贝里因此在一些纽塞勒姆人那里欠下一大笔债，债主们人虽各异，但都很随和，信任他们俩。比利·赫恩登断言，再也找不到比贝里更背时的合伙人了。"因为当林肯在商店这头大谈国是之际，贝里在另一头狂饮店里的烧酒……林肯对莎士比亚和伯恩斯诗作的激赏，只有贝里对酒桶及其龙头的兴趣能与之相当。"他们的生意勉强维持。次年春天，有兄弟二人从林肯和贝里手中买下商店，然而还没到兑付之日，兄弟俩就破产了，分文未付便逃之夭夭。林肯本可以凭借破产逃避还债，可是他为人正派，在钱财方面严谨认真，这使得他承担了债务，并用此后近二十年的时间来清偿欠款。假如不这样做，除了影响声誉，还会毁掉他在纽塞勒姆的政治根基，这是他仅有的基础，即便在逐渐缩小。

1833 年，大概由于有影响力的友人周旋，民主党总统安德鲁·杰克逊（Andrew Jackson）同意指派林肯为纽塞勒姆的邮递员。薪水为每年三十美元，并不足以减轻林肯的经济负担——他以典型的反讽口吻称之为"国债"。不管怎样，邮递业务虽不至于连续占用林肯的时间，但在事实上，林肯那边远地区式的一丝不苟，使他不是因为顾客多付了邮费而追出好几英里，就是为查找信件地址不惜耗力费时。得空的时候，他劈围栏木，在磨坊或锯木厂干活，帮人收割，还在纽塞勒姆尚存的商店打下手。

桑加蒙的勘测员也提出，把县里林肯投递片区内的勘测工作也都委托给他，林肯于是得到了罗盘和测链，"多多少少"研读了几本勘测类的书，着手干了起来。这项任务使他走遍县里许多地方，他的随和友善给老百姓留下了深刻印象。科尔斯县的人们见惯了这个瘦高个子的邮递员兼勘测员，拉着测量用具，穿越地形复杂、林木茂密的原野，帽箍上还掖着准备向沿途农场投递的信件。

他为避免破产而签下的一些票据应于1834年兑付。因债权人上告，治安官没收了他的马、笼头和勘测工具。不过有个朋友，一个叫吉米·肖特（Jimmy Short）的农民，在拍卖会上买下它们并还给了林肯。林肯的合伙人不久就死去了——赫恩登说死因是酗酒毁掉了身体。由于"国债"包括贝里的那份，总数就达到了一千一百美元。全凭大家对林肯的信任，从此便几乎没人为债务起诉了——大多数人都静等林肯还钱，因为他们相信他会还，而且分文不少。人们对林肯诚实正直的这种信念，反映在1834年的州议会选举中。林肯所依靠的选民，只限于与"黑鹰"作战时结识的战友，以及从事邮递和勘测业务时打交道的居民。那个时代各县实行多重代表制，林肯在总共十三位候选人中名列第二，票数直追第一名。他发现自己成了州议员，很快就要到州首府万达利亚（Vandalia）去代表亨利·克莱所领导的辉格党。竞选成功的候选人中，包括他的律师朋友约翰·托德·斯图尔特。斯图尔特在林肯的票数超过自己的情况下，甚至不惜冒自己票数流失的风险，引导一些本来会在自己名下的选票转投给能干的林肯。斯图尔特信赖具有政治天赋的林肯，尽管党内有位资深人士初见林肯时说："本党难道找不出比这家伙更好的人选了吗？"

地冻天寒，林肯与八位政治家——六位众议员和两位参议员——一道乘公共马车前往万达利亚。州议员林肯二十五岁，六英尺四英寸高，溜肩膀，长腿，大脚。一个目击者说，林肯的手臂比他见过的任何人手臂都长，

"让他垂下双手,指尖触及腿部之处比别人通常要低差不多三英寸"。此人还描述道,当林肯想起什么"让人开心的故事"时,他会笑逐颜开,"几条细纹会由内眼角发散,朝下和斜着越过鼻梁,眼睛会闪闪发亮,这些表情融进了无拘无束的笑声中,在场的每个人,无论愿不愿意,都不由得跟着笑起来"。不过同行者注意到,林肯并不以酒助谈兴。他说,威士忌使他"懈怠完蛋"。为此次赴州首府之行,林肯穿了"一套样子很是体面的牛仔服",并非最时髦的款式,但符合亨利·克莱所领导党派的精神——穿牛仔服是表明对美国制造商的支持。

万达利亚是个有居民八百人的镇子,州议会位于泥泞的中心广场,砖砌的楼房已经老旧。这里地处大草原,有大篷车定期穿越。会议的食宿安排在各客栈和公寓,议员们住得挤挤擦擦,于是彼此颇为相熟。第一次会议期间,州议会大楼对面,林肯和他的导师斯图尔特同住一个房间。在万达利亚,林肯初遇民主党新任议员斯蒂芬·道格拉斯(Stephen A. Douglas)。他来自佛蒙特(Vermont),是个嗜酒的矮胖男人。后来三十年的大多数年份里,林肯与道格拉斯都总在就奴隶制及其他议题争执不休。不过道格拉斯已经是一位律师，在那些年的大多数时间里，他的名气和地位要远胜于对手林肯。

于是，对于来自纽塞勒姆的能言善辩的乡巴佬，成为律师等于进入权力之门，这一点变得越来越清楚。"黑鹰"战争之后，林肯一直在钻研布莱克斯通（Blackstone）的《释义》（*Commentaries*）①，以及其他法律文本，而万达利亚的经历加强了他走这条路的决心。

党派体系虽然存在于伊利诺伊州的政治活动中，但并不像现代的这么固定，斯图尔特后来也说，为了地方事务，他可以拿林肯的选票做交易。斯图尔特讲过一个如此操作的事例——一位住在走廊对面房间的议员，正在推动由伊利诺伊州贷款建造一条铁路。"林肯和我跟布里兹（那位议员）达成交易，那就是，他若帮助我们获得州长对运河委员会几位成员的任命，我们就帮助他通过铁路议案。"就这样，斯图尔特得以使三名辉格党人——推崇公共改进项目的人——成为委员。

在第一次会议上，林肯勤奋工作，在十二个特别委员会中任职，并担任斯图尔特等辉格党领导人的秘书。

---

① 《释义》，指英国法学家威廉·布莱克斯通所著《英国法释义》，它对18世纪中叶英国法律有系统而明晰的阐述。

斯图尔特视林肯为辉格党在议员席上的得力发言人,还说服他承担《桑加蒙日报》议会通讯员的任务,撰写了几百篇反对民主党的不署名社论。秉承亨利·克莱的精神,林肯支持在斯普林菲尔德及伊利诺伊-密歇根运河设立州特许银行的议案。林肯提出自己的内地改进项目议案,建议在桑加蒙县的盐溪上建一座收费桥,但他未能使之进入议程。

第一次会议给林肯带来两百五十八美元的可喜收入。在沿着冰冻的道路回到纽塞勒姆之后,林肯重新开始法律学习。他依然从事当地的勘测工作,照旧承担邮递业务,不过种种迹象表明,他让自己过于劳累了。

12月林肯重返万达利亚参加第二次会议时,斯图尔特正在竞选国会议员。这为增加林肯作为辉格党领导人的分量留出了空间。林肯是桑加蒙县利益的主要代言人,呼吁的是借助河流和其他交通改进项目与更广大的世界连接起来的梦想。有意思的是,他没有个人资产可保护——他对"美国体系"的支持纯粹出于理想。从来没有哪个如此贫困的人为了美国资本的利益而如此慷慨陈词。他的重要倡议,是以议案形式提出组建比尔兹敦和桑加蒙运河公司。他在这次会议期间的积极工作,会有助于缓和他因安·拉特利奇之死引起的极度忧郁。

据安的兄弟后来告诉比利·赫恩登,安最终同意与那一去不归的求婚者了断,接受林肯,但她需要时间,得写信给远在东部的未婚夫。安还答应会给林肯时间,好让他在迎娶她之前事业有成。可是在1835年盛夏,阿贝的事业尚未成就,先前的追求者也尚无音信之际,安死于不明热病——很可能是由河水泛滥和供水污染引起的伤寒。

一个知情者说,安去世之后,林肯似乎变了个人,情绪低沉,落落寡合。"不过关于这一变化的原因也有各种说法。有人认为是日益刻苦的法律研习,也有人认为是拉特利奇小姐之死使他感到难以承受,而他本来就是个性情中人。"

无论爱不爱安,林肯的确为她的去世——这位年轻美丽的女子的骤然离去——而深感哀伤。一些知情者谈到他的萎靡和忧郁变得日益明显。他称自己反复发作的严重的忧郁症为"疑病",它将长期流连,如影随形。

不过他也与另一位女子有来往——玛丽·欧文斯(Mary Owens),肯塔基人,林肯早些时候就认识了她并彼此通信。玛丽住在纽塞勒姆的长辈亲戚现已把她带到桑加蒙县来，显然意在为她缔结良缘。林肯吃惊地发现她已经青春不再，皮肤也变得粗糙，不过还是感到理当追求她，因为自己曾向她表露过热情。此时，他的确深刻怀疑自己是否能养得起妻子或真正做个好丈夫，因心中盘算和自信不足而犹豫不决。玛丽则始终是个能给人希望的朋友和红颜知己。

1836年，在《桑加蒙日报》上的另一封看似不经意的信中，林肯公布了他的连选候选人身份："无论当选与否，我都支持将公共土地销售的收入分配给有关各州……"他说，如果11月第一个礼拜日自己还活着，他会把票投给辉格党总统候选人休·怀特（Hugh L. White）。这次选举中，林肯的一个本党候选人伙伴是他未来的连襟尼尼安·爱德华兹（Ninian W. Edwards）。这个肯塔基人风度翩翩，知道自己的社会地位高于林肯。辉格党的党员，许多都是受过良好教育的绅士和有产阶级市民，而不是像阿贝·林肯这样来自边远地区、试图进入上层的乡巴佬。

竞选极其激烈。在斯普林菲尔德的一次辩论中，林肯一度朝一个民主党对手拔出枪来。不过在另一次会上，他又制止了民主党人跟辉格党人（包括爱德华兹）的争斗。事实上，一些目击者谈到了林肯作为安抚者的能力。其中有人讲，他说话"调门很高，基本保持着那种清晰、有力、平实的言语风格，听众人再多，也足以清楚地听到他最低的声音"。

这次到万达利亚时，林肯是"九个大个子"的主要成员，这绰号所指的，是九个又高又瘦的议员，他们大多数很年轻，都来自桑加蒙地区。阿贝是九个大个子里身材最高的。斯图尔特不在，他成了"议会里公认的辉格党领导人。斯图尔特的离开，给他留下了明确的空间"。九个大个子内部已经决定，用他们的选票做交易，确保州首府迁至斯普林菲尔德——桑加蒙县的主要城市。阿贝还支持一系列议案（它们迟早会被证明是灾难性的），在伊利诺伊修建道路、运河和铁路，提供上千万美元的州公债作为资金。一个仍在极力偿还一千一百美元债务的人，居然还热烈地支持一项当时堪称庞大的计划。

即便身为议员席上声名赫赫的发言人，阿贝还是带着出身的印记。"他在州议会上发表了大量讲话，"一个目击者说，"大多数是关于地方项目的。然而，仔细的观察者不会看不出，这个六英尺高、行事逻辑平实、以下层语言为外衣的人，拥有能使他成为杰出人物的内在特质。"

值得注意的是，林肯和另一个桑加蒙县同僚丹·斯通（Dan Stone），在1837年1月投票反对一个攻击废奴协会"及它们所宣扬的主张"的决议案。不过，两人为了安抚所在选区的反废奴主义者，发表声明说他们投票反对贸然施压，是基于不同于字面意思的考虑。"他们（斯通和林肯）认为，奴隶制是建立在非正义与错误政策两者之上的，但是宣扬废奴主张容易增加而非减少奴隶制的灾难。"此处明白无误的是，林肯认为奴隶制度具有两重性：它在道德上是可憎的，然而又有着宪法的保障。由于废奴主义者不会正视这一事实，他表明自己与他们并无干系，在政治上就依然是重要的。

冬季将尽时，九个大个子再度踏上归途，向选民们宣布好消息，即经过他们的一番纵横捭阖，斯普林菲尔德以后将成为州首府。林肯跟一些议员骑马还乡。在一个村庄过夜时，他们在一家农户打地铺。一个同伴注意到林肯情绪低落。朋友问他怎么了，阿贝说，他们别的人都有盼头，"可我不是这样。我在往家走……一无所有。我把在万达利亚挣的钱都取出来了，花了个精光。我欠着债……我不知道该干什么"。

林肯在万达利亚时的感受也是一样。在那里，一些"我也说不清楚的事情，合在一起，弄得我如此灰心丧气，以至觉得宁愿到世上任何地方去也不想待在万达利亚"。他的抑郁也许是缺乏自信造成的，因为他现在的确时来运转。约翰·斯图尔特刚刚失去了律师事务所的合伙人，已经向林肯提出，要他到斯普林菲尔德去，作为次一级的合伙人，参与斯图尔特的法律业务。林肯已经申请到律师执照在桑加蒙县开业，1837年3月1日正式注册并获准收取费用。不过除了基本掌握法律以取得执照之外，他还得再展示一些才干。林肯因此对自己是否能够胜任感到疑虑，对斯普林菲尔德的前景心存畏惧。

这就是1837年春的林肯：既自信不足又雄心勃勃，并为此备受折磨，不修边幅，举止冒失，囊中羞涩，特有的美国式的口才和魅力，闷闷不乐（在如今会被视为患有临床抑郁症），盲目乐观，既向往异性又惧怕她们，嗜讲笑话，能言善辩，滴酒不沾，耽于梦想。从来没有谁像亚伯拉罕·林肯这样心神不定、形状异常地来到斯普林菲尔德，而这里，将会成为他的圣地。

第四章

林肯到达之时，新的州首府是个有两千居民的镇子，镇里有许多建筑华美的住宅和商号，主人一般为来自肯塔基州的移民，常常是蓄奴家庭的子弟。这里的社交界议论风生，气氛活跃，吸引了美国政界的许多头面人物，在下乡走访途中莅临此地。起初，林肯完全无法适应这种城市活动，只觉得格格不入。他在给肯塔基姑娘玛丽·欧文斯的信中写道："我在这里很孤独，跟这辈子待过的任何地方都一样。"

斯普林菲尔德泥泞的街道，跟纽塞勒姆和万达利亚的一样，引发了林肯的"疑病"，随时可能导致他一事无成，到现在精神科医生对林肯的病都没有定论。有项著名的研究，谈到他对母亲的固恋和对父亲的畏惧，谈到他的自恋倾向（当然这不包括对他自己的外貌）和抑郁气质。幸运的是，这一次，林肯的症状有所减轻（尽管从未痊愈），原因是多方面的，包括在镇上交朋结友，开始赚到大钱，以及在玛丽·欧文斯到斯普林菲尔德来看过他一次后，设法让她认定，他对成婚的种种冲动念头自相矛盾，不足为信。

林肯在斯普林菲尔德最好的朋友是乔舒亚·斯皮德（Joshua F. Speed），一个肯塔基蓄奴家庭出身的青年，开着一家自诩"本县所需样样齐全的……大杂货店"。一天,又高又瘦的林肯走进斯皮德店里,询问被褥的价钱。得知一套要卖十七美元,他说自己的收入恐怕不足以及时付清斯皮德这笔钱(以及其他债务)。斯皮德后来说:"我从来没见过一张这么沮丧和忧郁的脸。"他当下提出,让林肯住到商店楼上去,那里有斯皮德自用的一张双人床。在 19 世纪,这并不稀奇,在有的客栈里连互不相识的男人也能同睡一张床。林肯还在威廉·巴特勒夫妇的家里住过一段时间。幸运的是,他虽然个子这么大,却因显得孤苦伶仃而吸引了许多热心肠的朋友,而他日后会始终尊敬并不断提起他们。

与林肯同住的斯皮德身形笨重,尤爱拈花惹草,"在城里养了个漂亮女人"。一天,林肯问斯皮德:"你知不知道我能在哪里弄到一个?"据斯皮德讲,他写了张字条,让林肯带着去找一个似乎是妓女的女人。后来林肯跟那女子宽衣解带,却等到上了床才想起询问价钱。女子告诉他要五美元。林肯说自己只付得起三美元,女子愿意信任他,说不够的以后再给。但林肯向她讲清自己还欠着别的债得还,就起身又穿好了衣服。据斯皮德对这次艳遇的转述,在林肯离开时,女子说:"你是我见过的最有良心的男人。"斯皮德会说，一般来讲，林肯总是会表现得悒悒不乐，不过他的脸色可以一下子由阴转晴，随后会变得容光焕发而喜形于色。

由于政事繁忙，国会议员斯图尔特经常不在事务所，林肯因此有机会获得实践经验，并过上像样的日子——收取的费用许多来自非法侵占、拖欠债务、诽谤、离婚，以及财产纠纷等案件。他的年收入通常为八百美元上下。早些时候，他已用在万达利亚任议员时的积蓄在斯普林菲尔德镇上买了两块地，现在可以再买两处，并继续减少所欠的债务。

当年，桑加蒙县巡回法庭在斯普林菲尔德只停留两周，所以林肯，甚至斯图尔特本人，都不得不出门上路，与第八巡回审判区的法官们同行，到巡回法院驻地的乡村法庭去接案子。在斯皮德商店房后的年轻人聚会中，在青年学园里，在其他场合，在巡回途中的律师同伴间，林肯突然拥有了丰富的社交生活，并又一次吸引到忠实的朋友。正是他作为律师在巡回途中认识的一些人，有朝一日会保驾护航，帮助他登上看似遥不可及的总统宝座。其中的一个是他未来的合伙人斯蒂芬·洛根（Stephen T. Logan）。另一个，法官戴维·戴维斯（David Davis），说在巡回法庭途中,在与律师们共处时,在运用"强有力的逻辑"争辩并执著于简练合理的论证之际,林肯才是最快乐的。对人们的姓名,对各地的历史,对各种日期,林肯显示出非同寻常的记忆力。

林肯在美国法律中不甚光彩的领域里也发挥过才能。林肯曾代理一个案子,替一个寡妇及其儿子起诉另一名律师,他认为那人不当获取了这母子俩的土地所有权。林肯通过发表关于此事的一系列信件来协助当事人,他写信指责那个律师,署名自称"桑普森幽灵"。林肯不够老练,高估了这些所谓的匿名信。在法律或政治行当中,这种策略并不罕见——林肯本人就领教过——不过在这个案子里,这些信并没发挥什么作用。那个律师死去时,事件仍未得到解决,土地也传给了他的继承人。

虽然亚伯拉罕的声望在提高,但还是有个斯普林菲尔德的律师宣称:"就后来的事态而言这听起来相当奇怪,不过事实如此,我们自视为'上等'人群,而林肯,尽管是个聪明透顶、讨人喜欢的家伙,仍然很难达到我们的名流标准。"而林肯向玛丽·欧文斯提出的不宜嫁给他的理由之一,是"这里突然间满街都是载客的四轮马车,而你命里注定只能眼看着而无缘享用"。

有些年轻女子认为林肯性情木讷,其中一位说:"林肯没法跟女士长时间交谈——教育程度和智力水平都不足以让他维持这样的交流。"他去一个名叫安娜·罗德尼的姑娘家找她时,敲开门后,一句话就惹恼了姑娘的家人:"罗德尼小姐方便不?"这被视为没教养的询问。

1837年,美国各银行出现了一次挤兑,起因是英国市场的崩溃。杰克逊领导下的民主党人,将其归咎于银行的本质,以及美国经济不顾凶险,亦步亦趋地模仿欧洲市场体系。崩溃明显威胁到林肯的"美国体系"观。这一年的经济焦虑,加剧了废奴主义的拥护者与反对者之间的对立。为取著名的马萨诸塞州废奴主义者威廉·劳埃德·加里森(William Lloyd Garrison)的首级,北卡罗来纳和佐治亚二州悬赏达五千美元。在北部一些城市出现了种族骚乱。而在伊利诺伊州,主张废奴主义的编辑伊莱贾·洛夫乔伊牧师(Reverend Elijah Lovejoy),遭到一个暴徒枪击,他的印刷机也被扔到密西西比河里。林肯在青年学园的一次演说中表达了义愤。他意识到由这一问题引发的国内民愤会带来危险。他担忧种种压力会导致人民与政府离心离德,而这种局面一旦出现,林肯预言道,"难免有不乏才干和抱负的人抓住时机,发起攻击,推翻合理的社会结构,而半个世纪以来,那都是全世界热爱自由的人最珍重的希望所在"。

怀着这种心情,林肯于1838年再度参加州议员竞选,他先前的导师斯图尔特也已是再一次参加国会议员竞选。林肯面对的是身高五英尺四英寸,声音洪亮、口才非凡的强劲对手,人称"小巨人"的斯蒂芬·道格拉斯。道格拉斯曾致力于改造西北部的民主党,将其改造成为争取选票和懂得借力于赞助人的现代政治机器。他此时尚在州议会供职,是斯普林菲尔德土地局的登记官。他比林肯年轻四岁,被民主党视为国会议员的合适人选。

不过,林肯再度成为桑加蒙县候选人。斯图尔特也在常常与道格拉斯捉对拼杀的激烈选战中取胜。

在当时的经济危机中,斯普林菲尔德的辉格党人坚持内地改进项目的计划,甚至不顾为之筹集的一千万美元资金产生的应付利息正在变成重负。作为辉格党领导人,林肯建议联邦政府,将伊利诺伊州的全部公共土地出售给伊利诺伊州政府,每英亩二十五美分。然后州政府可以重新出售它们,每英亩最低一点二五美元,由此偿清债务。然而这个计划无疾而终,州长为了应对危机,于1839年召开了议会特别会议。

斯普林菲尔德最富有的一些辉格党人被称为"小集团"(Junto)。成员当然有约翰·斯图尔特；他的表亲，肯塔基人尼尼安·爱德华兹；尼尼安的妻子伊丽莎白也在其中。爱德华兹夫妇住在位于斯普林菲尔德一座小山上的豪宅里，林肯在朋友斯图尔特的安排下，开始参加爱德华兹府上的社交活动。尼尼安发现这位同属辉格党的来宾是个"非常粗野的人"，不过因为他在政治上有利用价值而未加挑剔。1839年底，正是在爱德华兹家，林肯邂逅伊丽莎白·爱德华兹的妹妹玛丽·托德(Mary Todd)，一位娇小、时髦、热情、活泼的年轻女子。她的姐夫说："玛丽能够让主教忘了做祈祷。"玛丽自然也引起了林肯的注意。

玛丽二十一岁，父亲罗伯特·托德是肯塔基州显贵，一位种植园主和奴隶主。玛丽的母亲在她七岁时就去世了，致使玛丽·托德总是会怀有孤儿式的探究的躁动和不安全感。父亲再娶时她的境况越发糟糕了——她发现后母为人冷淡而刻薄——于是在1839年夏天，玛丽欣然来到伊利诺伊州斯普林菲尔德，开始在爱德华兹家长住。她受过良好教育，会讲法语，似乎吸引了一些动心的男性。"斯皮德的灰套装、哈里森的蓝衣裤、林肯的绿呢子已经看不出颜色。"她在给朋友的信中如此写道,表明了她是如何使男人们彼此相斗的。"小巨人",民主党人斯蒂芬·道格拉斯,也差一点就向玛丽·托德求婚了,尽管玛丽后来会说,她只不过对他有"一定程度的"好感,还会一味夸奖林肯胜过道格拉斯的地方——在智力上他远胜于道格拉斯,"正像他在体格上那样"。一个叫埃德温·韦布(Edwin Webb)的鳏夫,律师兼州议员,也在追求者之列。

1839年11月一个寒冷的日子,在斯普林菲尔德法院楼里,玛丽·托德参加了一个集会,会上林肯和道格拉斯都将发表"关于时政与国情"的演讲。林肯当然谈到了银行在近日大为动摇的正当性,还论及如何为在建改进项目提供资金。林肯对自己的表现感到失望,认为斯蒂芬·道格拉斯的光彩盖过了自己,不仅在政治上,也许在情场上也是这样。不过伊丽莎白·爱德华兹开始注意到,妹妹格外青睐林肯。"我偶然进过一个房间,他们在那里常常一坐就很久,并且主导谈话的是玛丽。"

他们奇特的恋爱带有政治事务的兴奋。辉格党的1840年总统候选人是威廉·亨利·哈里森(William Henry

Harrison），他被选中来取代辉格党的元老天才亨利·克莱。民主党的候选人则是在任总统马丁·范布伦（Martin Van Buren）。林肯奔波于全国各地做竞选演说，甚至到密苏里州去为哈里森摇旗呐喊。他也看到年轻时髦的玛丽，还有她最好的朋友默茜·利弗林（Mercy Levering），挤进桑加蒙日报社的办公室，好获取竞选的最新消息，并体验狂热的政治氛围。在为辉格党总统候选人作战的同时，林肯当然也在为自己争取州议会的席位。他一度还以范布伦对黑人选举权的态度问题，使斯蒂芬·道格拉斯大为紧张，以致"小巨人"从林肯手中抢过证词，扔进人群。

有个民主党人将林肯描绘成辉格党贵族的代表，从而激怒了他。林肯说，指责者当年乘豪华马车、戴羔皮手套的时候，他自己则"是个穷小子，每月八美元给人划平底船，只有一条鹿皮裤子……你要是了解鹿皮的特性，就知道它打湿后又晒干时会收缩，而我那条缩得越来越短，直到袜子跟裤脚间露出好几英寸的腿来……你要是管这个叫贵族，那我就认账"。

对于结婚，玛丽·托德和亚伯拉罕都在犹豫不决。

亚伯拉罕现在每年赚得到一千五到两千美元，作为议员还有一百到三百美元入账。不过若是没了委托人，或者输掉选举，收入就会陡然下降。害怕从一个妓女那里染上梅毒传染给体面的妻子，给有缺陷的孩子当父亲，这种恐惧感依然很强烈，虽然就亚伯拉罕而言毫无根据。在当时这种恐惧不是没有道理，因为据说19世纪一半以上的男人，在性生活史的一定阶段都患有某种性病。

至于玛丽·托德，她认识到一旦成婚，自己会牺牲掉民事上和法律上的许多权利，而且一向如此享受住在姐姐家的随意，她简直说不上自己该不该舍弃这份自在。伊丽莎白也警告道，"她和林肯先生并不适合……他们没有同样的感觉"。玛丽·托德的举止相当优雅，林肯则仍然以脚上那双粗糙的科内斯托加靴子令斯普林菲尔德上流社会侧目。一次参加派对，入场时他叫道："嗬，哥们儿，这些小妞模样多周正啊！"

又据斯皮德说，林肯对订婚并不感到快乐，"对于自己承认既成事实并不十分满意"。有些人说，林肯"无可救药地爱上了"爱德华兹家的另一位亲戚，玛蒂尔达·爱德华兹（Matilda Edwards）。有证据表明，他可能向玛丽承认了这份爱慕，还请求她放手，而她也给了他自由。

朋友们现在眼见他饱受良心的剧烈折磨，斯皮德甚至觉得有必要把所有的剃刀从他的房间搜走，连带着小刀之类的锐器也一件不留。1841年底时，林肯认为自己是"活着的最可悲的人。要是把我的感受平均分配给全天下的家庭，这世上一张快乐的面孔都不会剩下"。一个朋友形容林肯"怨天怨地、急赤白脸"。这时候还有别的事让林肯烦心，老朋友斯皮德已经卖掉了商店，正打算回肯塔基；同时再度当选国会议员的斯图尔特，提出要结束与林肯的法律业务合伙关系。

玛丽自己也纠结难过，但没有林肯那么严重。追求者仍然围着她献殷勤。她在社交上并非没有能力，现在又从婚前焦虑中解脱。她只是觉得夏日冗长乏味，因为许多朋友已经离开镇上。在写给她们的信中，她保持着对林肯的宽容态度，希望他能克服忧郁症。由此可见，即便她的许多伙伴对林肯明显的土气大摇其头，她对林肯的潜在能力仍深信不疑。

春天，林肯与斯蒂芬·洛根结成新的合伙关系。洛根身材矮小，一头红发又硬又直，嗓音高亢，跟林肯一样不修边幅。他也是个一根筋的人，有时候，如果必要的条件不能马上得到满足，他会径自行动而不管别人的损失。他们的伙伴关系是阴郁春季中的亮点，因为林肯的州议员任期此时接近结束。辉格党没有提名林肯连选，他也不特别希望他们这么做。他这些年一直支持的公共事业计划已大范围缩减；州里已在拖欠债务；伊利诺伊州银行——设想中的该州财富发动机——也已关门大吉。

卖掉商店后回到了肯塔基，斯皮德极力邀请林肯夏天到肯塔基他们家的种植园去做客。这是林肯第一次过种植园的农庄生活，体验建立在奴隶制这种特殊制度基础上的富裕和丰饶。他在其"疑病"的缓慢复原中，受到了斯皮德家奴隶们的照料。回程中，与斯皮德一起乘汽船溯俄亥俄河而上时，林肯遇到了一队奴隶，用铁链拴起来的十二个人，"仿佛这么多鱼成串游过"。林肯询问后得知，这些人都是从肯塔基的家里被带出来，正在上船即将被运到别的地方出售。林肯后来提到，对这个拿人不当人的行列的记忆，"是对我持续不断的折磨"。

南归肯塔基后，乔舒亚·斯皮德结了婚。此后林肯开始问斯皮德，婚姻生活有多合他的意。林肯在信中提的问题稀奇古怪，令人费解："你现在——在判断上以及在感觉上——真的为自己结婚而高兴吗？"斯皮德把这些问题告诉了年轻的妻子，她觉得它们冒失无礼。不过，它们倒是可以作为探究林肯心理困惑的索引。

最终,在 1842 年,一位亚伯拉罕与玛丽共同的友人,要求二人至少还得互为朋友,从而把他们重新撮合到一起。安塞尔姆·亨利(Anselm Henry)医生——斯普林菲尔德有名的大夫,上一年林肯为自己的"疑病"问题曾向他求助过——也在他们之间进行调解。林肯一度问玛丽,她是否认为,他应该为与她成婚而谢天谢地;玛丽——林肯称呼她"莫莉"——则不失时机地使他明白,她认为他理当如此。

第五章

随即到来的是另一个选举年,林肯为辉格党参加竞选。作为职责的一部分,他挺身而出,迎战詹姆斯·希尔兹(James Shields)。希尔兹是个引人注目的小个子爱尔兰人,伊利诺伊州的民主党人审计员,此时正在努力进一步削弱风雨飘摇的州银行。对于在美国的爱尔兰人,希尔兹是位民族英雄,挑战英国压迫的流亡者。希尔兹声称,州里不会再接受以纸币还款,而只能接受以金币和银币纳税。林肯马上想到,这些决定会使伊利诺伊州的经济退回原始状态,于是他开始在《桑加蒙日报》上假托一个天真的寡妇丽贝卡之名,发表一系列信件,信中对希尔兹大加讽刺。

出于政治热情加上对林肯的感情,玛丽和一个朋友接手了系列信件的写作。亚伯拉罕和玛丽·托德一起快活地旁观希尔兹的窘迫,变得更加亲密了。玛丽用足心思拟成的一篇丽贝卡来信,使希尔兹格外恼火。在希尔兹追问丽贝卡信件的作者究竟为何方神圣时,林肯承担了全部信件的责任,于是希尔兹向他提出决斗。在那年秋季的一个早晨,决斗双方和各自的支持者悄悄过河进入密苏里州,因为决斗在那里仍是合法的。也许出于讥讽,林肯提出以大砍刀为武器。幸运的是,大概有他们的助手和朋友们从中斡旋，两人总算被说服放弃了这场可能会很血腥的厮杀。这件事后来让林肯感到很难堪，然而玛丽——她的家乡肯塔基州也允许决斗——因林肯甘心为她冒险深受感动。

在那一年的选战中，仍以政治为人生一大乐事的林肯，送给玛丽一件奇特的礼物——前三个月选举报告的清单！玛丽怀着与馈赠者相同的心情接受了礼物，还给它系上了粉红色的缎带。与希尔兹开战六周以后，在一个寒雨漫天的日子里，玛丽·托德和亚伯拉罕·林肯在爱德华兹家的客厅里举行了婚礼。玛丽此时二十三岁，身形娇小，楚楚动人。只是，她的朋友们对这一结合的诚意不无疑虑。玛丽的表兄约翰·托德·斯图尔特唯恐"林肯与托德小姐结婚纯属政治联姻"，是在为进入辉格党权力中心铺路。伴郎回忆道，林肯的"样子和举止就像是在进屠场"。律师比利·赫恩登甚至说："林肯是在做自我牺牲，而不是在承受非议。"有意思的是，跟其他高攀豪门的穷小子一样，林肯没有邀请任何家人出席婚礼。

此时，新郎已在考虑成为第七选区的国会议员候选人。新娘则一门心思坚信丈夫的才能，对他不无欣羡又深为敬佩。而且，虽然他们的新婚生活始于环球客栈

（Globe Tavern）的租赁房，但林肯与洛根的新合伙关系很是顺畅，得益于一些需要处理的破产案。乔舒亚·斯皮德买下了许多因抵押人拖欠债务而取消赎回权的房屋和土地，都是经林肯之手处理的。

婚后生活的第一个冬季过后，林肯重新开始奔走，与其他律师一起随巡回法庭旅行，一路接受案件。玛丽感到烦闷——不得不在住客共用的餐厅就餐，在她看来是潦倒的体现。加上那时她显然有了身孕，怀孕不适的大多数时候她都得独自忍受，而林肯却离家在外自得其乐，在乡村酒馆里跟辉格党律师同伴谈论当时的悲剧事件——在大家那么辛苦地让哈里森当选总统后，哈里森竟一病不起，民主党人副总统约翰·泰勒（John Tyler）趁机登上宝座，推行反关税、反银行和偏袒南部等一切老旧而狭隘的政策，全都是林肯所厌恶的。

1843年8月巡回完毕回家后，林肯喜迎了第一个孩子罗伯特·托德·林肯的诞生。现在轮到林肯有这么个儿子了，不但非常像托德家的人，而且气质上会与他毫不相关。林肯一家搬出环球客栈，在福特街（Fort Street）租了个小房子，不久又在第八街与杰克逊街转角处买了所住宅。这是幢一层半结构的体面楼房，花了林肯一千二百美元,这家人将在这里一直住到林肯当选总统。

以那个时代的标准衡量,亚伯拉罕会显得是个过于纵容的父亲,对所有孩子,甚至对罗伯特(赫恩登后来干脆称他为"一个托德而非林肯")。不过需要指出的是,林肯出外巡回时可以在一段时间里摆脱家庭生活,而玛丽却没机会放松。玛丽也很纵容,然而对象只限于自己:她时不时地发怒,其程度令人忧虑。家事有时会压垮她。她只有一个仆人,作为一个年轻律师的妻子,没有独立的谋生本领,当然也没有奴隶,这种主妇生活使她意外,而后备感焦虑。她对贫穷的恐惧将走向偏执,困扰了她的后半生,只是通常的表现是大肆挥霍——尤其在服装与家具上——与异常吝啬的交替发作。她的脾气难以捉摸——这是人所共知的托德家族通病——他们家的吵闹声时常会传入邻居耳中,玛丽刺耳的声音里会交织着林肯绝望的抚慰:"好啦好啦,太太。"在气氛比较温馨的时刻他管她叫"我的娇妻,我的莫莉",不过他常常发现,最轻松的应对方式,还是躲到街上去或是钻进事务所。林肯的一个朋友把玛丽形容为"女魔头"。

她的喜怒无常"让那位好好先生伤透了脑筋"。

而林肯的敬而远之和心不在焉也让玛丽失望,她肯定经常为他有限的成就而责骂他,因为她对一个朋友说过:"万一林肯先生死了,他的灵魂绝不会发现我生活在蓄奴州以外的地方。"而由于这一年有半年时间里林肯仍在巡回路上奔波,玛丽经常形单影只,带孩子的手足无措也困扰着她。有些人说,她的孩子简直可怕。

如今有了自己的房子,尽管会为没有奴隶可供差遣而哀叹,但对自己的许多事情,玛丽还是顽强地坚持亲力亲为。而与之对照,姐姐伊丽莎白·爱德华兹拥有两个爱尔兰裔仆人和一个长工,还有从肯塔基娘家带来的两个奴隶(因而难以确定其身份属于受奴役的还是自由的)。玛丽发起脾气来,有时候连她仅有的帮手都受不了。那个仆人后来抱怨:"我这辈子都没有像在她家时那样不幸过。"仆人发现玛丽出乎意料地大度,但跟她的豪爽一样总是突如其来,而不出一两分钟,她又会尖声大叫。

帮工时间最久的佣人是个爱尔兰人,凯瑟林·戈登(Katherine Gordon)。只是玛丽在写给异母姐妹埃米莉的信中说:"在你们肯塔基,如果有人得跟'野蛮的爱尔兰人'打交道,就像我们这些家庭主妇有时不得不这么做一样,下次选举南部人准会投票给菲尔莫尔先生。"米勒德·菲尔莫尔(Millard Fillmore)是一无所知派[①]的领导人之一,激烈地反对爱尔兰人,反对天主教徒。对林肯来说,虽然辉格党喜欢抨击爱尔兰人,但鉴于爱尔兰人是民主党的选举工具,他从来不肯这样做。

1844年末,洛根提出解除合伙关系,因为他想跟儿子合伙另立门户。林肯打算自己继续经营事务所,在四处寻觅助手时,他选中了比利·赫恩登——曾给林肯当过雇员,两人相处得很愉快。赫恩登(他有朝一日会写下一本引起争议的林肯传)是个爱说话、重穿着、二十多岁的年轻人。他思想自由,这一点很合阿贝心意;他还是个放浪的酒徒,这与阿贝截然不同。在年轻的辉格党人中他有着相当的影响力。作为贪婪的读者,他从英国和东部订阅了大量内容开明的杂志,也订了霍勒斯·格里利(Horace Greeley)的《纽约论坛报》(*New-York Tribune*)。林肯有时会请他扼要讲述新近在书中读到的见解,赫恩登也乐于从命。在那个年代,维多利亚式的一

[①] 一无所知派,一个本土主义和反天主教的半秘密组织。其成员在被问及该组织的主张时,会答曰:我一无所知。

本正经大行其道,由于不恰当地记录下林肯对他讲的话,赫恩登后来会遭人指责:"我母亲是个私生子——据说是弗吉尼亚一个贵族的女儿……我现在的乃至我期望的一切,都出自我的母亲——上帝保佑她——你有没有注意到私生子通常都是聪明人,比别人更机灵也更有才智?这是不是由于偷情?"

在林肯的家庭纠纷中,比利·赫恩登总是站在林肯一边,把林肯的家称为"人间的家庭地狱"。赫恩登还说它是"一个冰窖"。

然而,大概不难理解,林肯那时也的确经常离开那个"冰窖"。1844年,他在州内奔波,甚至还去了印第安纳州,在一些集会中演讲,拥戴他的政治偶像亨利·克莱——辉格党的顶尖人物和总统候选人。可是,结果却是安德鲁·杰克逊(Andrew Jackson)的门生詹姆斯·诺克斯·波尔克(James Knox Polk)入主白宫。上一年,在伊利诺伊州北京①的一次党的大会上,林肯曾经自荐做国会议员候选人,不过,得到提名的是玛丽的一个表亲——约翰·哈丁(John J. Hardin)。不管怎样,林肯设

---

① Pekin,伊利诺伊州城市,得名于中国北京。当时将北京拼写为 Pekin 或 Peiking。

法达成了一项安排,按照安排,国会议员第七选区将由哈丁、林肯的好友爱德华·贝克(Edward Baker)和林肯本人轮流做候选人。(爱德华·贝克是州参议员,政治集会中上讲台时常常带着一只宠物鹰,林肯夫妇后来为次子取名时用了他的名字。)基本可以确定,林肯有望于1846年成为候选人,并于次年取得在国会的席位。

波尔克尚未就职,美利坚合众国就将德克萨斯作为蓄奴州纳入治下。依照1820年的密苏里妥协案,奴隶制度不得存在于北纬36度30分以北。所以,南部的民主党人推行了一项政策,旨在促进妥协案界线以南的领土吞并。他们梦寐以求的不仅是德克萨斯,还有中美洲和古巴,它们作为未来蓄奴州的并入,将维持蓄奴州与自由州所辖地域的平衡,确保奴隶制度的扩张与繁荣。正是唯恐德克萨斯的边界和土地纠纷导致非法使用美国军队以帮助蓄奴区域征服更多的领土,林肯在选战中全力支持亨利·克莱(尽管后者是肯塔基的奴隶主)。克莱认识到奴隶制帝国的扩张极为有害,奴隶制度的逐渐消亡是大势所趋。

美国军队不顾林肯等辉格党人的极度厌恶而开进了墨西哥,与此同时,林肯和比利·赫恩登搬进了新的办公室，与斯普林菲尔德法院隔着公共广场相对。办公室很快变得越来越杂乱无章，林肯甚至把一包文件捆上，标明"在哪里都找不到时，看看这里面"。亚伯拉罕喜欢吃水果，苹果核橘子籽乱扔了一地。赫恩登爱看新闻，结果地板上四处散落着大张大张的报纸。让这奇特场景更有意思的是，林肯还用他的大礼帽存放文件，这是他在纽塞勒姆当邮递员时养成的习惯。林肯常常坐在沙发上，对他的大个子来说沙发显得太小，他的上半身躺在里面，下半身则会伸到几张椅子上。他总是会被埋没在成堆的报纸里。

林肯和赫恩登的合作很愉快，玛丽却无法忍受赫恩登，从来不准他登门。她知道赫恩登曾把她形容成一条蛇。而即便赫恩登声称，自己是想表现她的优雅，玛丽也从未原谅他。最后，赫恩登会在他撰写的著名传记中，为玛丽对他的厌恶找到另外一些更加具体的理由。

尽管约翰·哈丁——玛丽的远亲——1846年再次追求国会议员第七选区的提名，但林肯在随巡回法庭走遍全州时大力游说，从而以动制静，得以胜出。次子爱德华恰好在这年出生。当选的林肯却忽然自曝，这一荣誉并非如他预想的那么让他高兴。也许是孩子、法律业务和党派等各方利害的平衡使他胆怯。玛丽倒是兴高采烈。她打算跟他一起去华盛顿，参加 1847 年的国会会议。

1847 年秋动身前往首都时，他们一家取道肯塔基，以拜访玛丽衷心爱戴的父亲，和她不那么喜欢的继母贝齐·托德（Betsey Todd）。贝齐从未见过玛丽的丈夫和孩子。对于林肯夫妇——三十八岁的国会议员和二十六岁的妻子，加上他们四岁的儿子罗伯特、因肺结核发病而开始受折磨的婴儿埃迪——赴京之旅相当辛苦。他们先是坐公共马车前往密西西比河畔的奥尔顿（Alton），然后乘一艘汽船南下开罗，再乘一艘溯俄亥俄河而上到达卡罗尔顿（Carrollton），乘第三艘顺肯塔基河南下法兰克福（Frankfort），紧接着坐火车进入列克星敦（Lexington）。这段旅程用了令人烦躁的整整十天。探亲结束后，他们继续搭乘马车、汽船和火车，经过谢南多厄河谷（Shenandoah Valley），然后才抵达华盛顿。

华盛顿是在建的首都，宏大的城市建筑群还只有部分竣工。道路在夏天尘土飞扬，到冬天遍地泥泞。环境恶劣，供水危及健康。房价也极高。狄更斯当时刚讥讽过，这座首都是"一小片染上了酒瘾的乡村，醉得很有些忘乎所以"。他抱怨它那些"从虚无地来、往乌有乡去的大而无当的道路……"

许多议员住得"一团糟"。合得来的众议员和参议员们成群结伙,或住进布朗饭店这样的旅馆,或住进公寓。比较有钱的则租房子住。谦逊的林肯夫妇在斯普里格夫人公寓里找了个房间,位置在国会大厦对面,现在的国会图书馆一侧。斯普里格夫人公寓是反奴派议员常来常往的地方。陪丈夫到华盛顿参加国会会议的妻子为数不多,往往是有钱有势的种植园主太太。当时斯普里格夫人在公寓里接待了十位议员,玛丽是唯一的议员夫人。一些住客觉得,玛丽和阿贝都对罗伯特过于娇纵,埃迪的哭声也惹人心烦。而玛丽·托德虽然很高兴待在华盛顿,在宾夕法尼亚大街的时装店和书店里购物,乐于到尚未完工的华盛顿纪念碑以及专利局博物馆等景点去观光,可是迫于华盛顿冬季的严寒,她逐渐闭门不出,开始焦躁不安。孩子们也得了病。国会大厦后面,如今的艾利普斯(Ellipse),当时还是臭气弥漫、传染疾病的湿地。

林肯开完会后,玛丽回了在列克星敦的父亲家。她不由得快活地吓唬林肯,说他要是不尽快到那里去看她,她也许会跟韦布先生——她昔日的追求者重续前缘。处于来日苦短的年龄，她的确考虑到更换新郎君的可能性，还对异母姐妹埃米莉说，下一次，她想要个富有得足以带她到欧洲去的男人。她因林肯要参加任期中的第二次会议再次来到华盛顿，随后，当林肯在华盛顿施展很有限的影响力时，她回到斯普林菲尔德，带着两个孩子住进环球客栈，因为他们的房子还在出租。

亚伯拉罕本人很喜欢公寓和华盛顿。他玩保龄球，在斯普里格夫人公寓后边的巷子里玩，也在国会大厦南面的保龄球馆玩。他带妻子去奥林匹亚剧场，还进卡鲁索娱乐厅，那里有所谓的埃塞俄比亚演艺班子，他们把脸涂黑，演喜剧，唱黑人歌曲。林肯夫妇还参加白宫的活动（白宫当时更多时候被称为总统官邸）。他们当然也出席了波尔克总统的1848年新年招待会。那时，在（林肯和其他辉格党人眼中的）美国对墨西哥领土的入侵，以及内地改进计划的取消这两件事上，林肯等人是对波尔克礼貌而强烈的反对者。

在这些问题上——一如在他所有的政治信条中——林肯遵循着一以贯之的政治哲学，其所受的大部分影响正是来自他已经拒绝的加尔文主义。他信仰他所谓的"必要性原则"，即"人心受某种力量推动而行动，或受其控制而休止，心本身无法控制这种力量"。用政治术语讲就是，他相信"一切人类行为都由动机引起，而在动机的底部是自我"。他自认这种宿命论完满地解释了，为什么鼓吹奴隶制的南部人不比北部人好或坏——奴隶制是由南部体制中固有的自我动机支持的，因而南部利益极力想要向新的领地扩张其统治。北部对关税的渴望也受到类似的驱动。二者的不同当然是在道德意义上的——关税是必要性原则的产物，在道德上是值得赞美的；奴隶制则不是。

林肯自己对勉强糊口的务农生涯的逃避，就是基于这种必要性原则，而跟他希望获得自由一样，奴隶们也必然如此。"我曾经是个奴隶，"在早先的一次演讲中他说，这时他在听众中认出一个朋友——在奥法特的平底船上做过工的——便接着说，"那里坐着一个我的老朋友约翰·罗恩。他曾经是个奴隶，但他已经使自己获得自由；我曾经也是个奴隶，而我现在非常自由，他们还让我从事法律业务。"

像道格拉斯这样的民主党人，将雇佣劳动视为奴隶制的一种形式，在工人与雇主之间造成有害的从属关系。经过随后的十五年，民主党人将进一步指出，与处于较为宽松的制度下的奴隶相比，北部工业、铁路和航运运河工人的境况要严峻得多。奴隶制度中的种植园主在单个奴隶身上下了本钱，因而有善待他们的动机。资本则可能榨干并害死劳工而毫无负疚之感。

然而，林肯认为雇佣劳动不过是达到地位提升和财富增加的中间站，他本人的生活就是例子。任何人都不需要当一辈子雇佣劳工。通过明智的利己主义，必要性会驱使人自己也去成为雇主。跟许多自我重塑的人一样，他错误地认为，任何劳工都具备同样的天赋，能改变自己，成为商人或律师，或者至少成为他人劳动的雇主。当亲戚们太不争气，在乡下陷于无助而无法自拔时，他有时颇不耐烦。例如，异母兄弟约翰·约翰斯顿写信给他，想借八十美元，好偿还欠下的现金债务。林肯责备约翰斯顿"太懒……我的建议是你应当去做事，为会按劳付酬的人'出力流汗'"。今年为了挣钱而工作的人，明年可能做到"以后为他自己工作，最终雇人为他工作"！不管怎样，作为激励，林肯确实向约翰斯顿提出与他展开比赛，看看谁挣得多。

解决城市贫困问题有一种方法，只是南部与北部的民主党人不会投赞成票——这是个移居法案，它会开放新领地里的份地,由城市中的贫民窟居民和低收入工匠,以及东部的贫穷农人免费使用。依照辉格党的理想,这些新领地的经营,不是以林肯少年时那种艰辛劳作为基础,而是依靠最新的农业知识,由开设在移民中间的农业学校传播。然而这样的措施一经提出,南部利益的代表就会投票否决,因为他们唯恐新领地会成为废奴主义的温床,而且免费土地会贬低土地价值。

不过,虽然在道德上对奴隶制及其鼓吹者嗤之以鼻,但林肯对废奴主义者的不耐烦情绪仍然占了上风。林肯认为,他们用危机迫在眉睫、黑人与白人平等这些空话吓坏了人们,导致亨利·克莱输掉 1844 年的总统竞选。实际上,在奴隶主对其财产权的追逐中,林肯有时充当了他们的辩护人,例如肯塔基的罗伯特·马特森(Robert Matson)一案。1843 年,马特森在伊利诺伊买下一座农场,并把一群奴隶带过了俄亥俄河,用于种植和收获。他的黑人监工布赖恩特(Bryant)的黑人妻儿也在其中,而布赖恩特是自由民。当马特森的事实妻子与布赖恩特的奴隶妻子简发生争吵时,马特森威胁道,要把简和她的孩子送到南部去,转卖给一个棉花种植园。布赖恩特夫妇找来两个废奴主义者资助自己提出抗议,马特森则聘请了林肯。林肯辩称,马特森曾经清楚表明自己的意图,按照伊利诺伊州过境法,简和她子女的服务限于只从事季节性劳动。伊利诺伊州最高法院发现,简·布赖恩特已在伊利诺伊连续住满两年,因而宣布她获得自由。

鉴于宪法承认奴隶制的合法性,只有宪法修正案可以改变这点,而要实现修正绝对少不了南部的同意,这显然不是轻易能做到的。林肯想,好在现实是,这个制度注定灭亡——跟他童年时代的自然经济农业一样,会由于过时而被淘汰。与亨利·克莱一样,林肯,还有许多在后巷一起玩保龄球的辉格党人,都相信随着将来的合法解放,奴隶们会作为移民或被遣返利比里亚,或被送去中美洲。

然而,南部及其盟友试图通过与墨西哥的战争将奴隶制度扩张到新领地中,从而避免它的没落。作为国会众议员,林肯在众议院会议上起身要提出一些"地点决议案"来抨击波尔克总统。不过,在他获准走上讲台之前,美国已经夺取了墨西哥城。林肯反战的决议案被演绎成对胜利之师的不义之词,阿贝也在民主党的集会上被称为"'地点'林肯",屡遭痛斥。在1848年年末,林肯由于反对墨西哥战争而陷入困境。辉格党希望其总统候选人是战争中的一位英雄——扎卡里·泰勒,在"黑鹰"战争中林肯一度与之并肩作战。没有谁特别欣赏泰勒,可是辉格党看得出他很可能当选,尽管新英格兰的选票会因他的奴隶主身份成为问题。

纽约论坛报社的霍勒斯·格里利对林肯国会言论的关注极为精细,说林肯是奴隶制强大而务实的敌人。1849年1月,第三十次国会会议接近结束时,林肯宣布,他提议在哥伦比亚特区废除奴隶制。内容包括对特区内奴隶主财产的"充分价值"予以补偿。提议无人响应。

的确,作为国会议员,林肯不曾给人留下特别的印象,他对自己的表现也不满意。不过那时,任满一届的国会议员实属不易。议会成员没有自己的办公室,办公就用窄小的桌子,就像一大群小学生。林肯的办公桌当然被放在议院靠后的位置。他在国会图书馆用去了许多时间,为自己在议院的无足轻重寻求慰藉。图书馆那时就在国会大厦里。他可以把书带回斯普里格夫人公寓,甚至包括属于基本馆藏的杰斐逊个人藏书。

任期结束时,林肯没有马上回家,而是继续从事竞选活动,为扎卡里·泰勒摇旗呐喊。他甚至承认——眼神流露出不屑——即使亨利·克莱做辉格党候选人也不会有希望。尽管不是代表，他还是到费城去参加辉格党全国大会，并在辉格党全国总部效力。在一些人看来，他显然希望由于所做的这一切而得到任职——他漠视荣名，也不曾拥有，但还不打算退出舞台。他希望伊利诺伊的一个支持者，玛丽的一个亲戚，受任为土地总署委员，不过在得知此事无望时，他便谋求自己出任。对于改善与斯普林菲尔德那边爱德华兹家的关系，这么干起不到太多作用。虽然扎卡里·泰勒当选了总统，林肯总的来说仍感失望，因为"我推荐的人还没有一个得到任何任命，无论大小官职，除了个别本无异议的"。1849年春末，玛丽亲自出马，代林肯给泰勒总统写信，署的是林肯之名。然而林肯还是输掉了竞争，最终未能获得国务卿职位，而是被提议出任俄勒冈准州州长。就像他们的一个朋友所说，"玛丽不会同意去那么远的地方"。林肯也没什么兴趣。假如林肯赴任，一家人取最便捷的途径走海路，埃迪的健康状况很可能由于行程而进一步恶化：在任州长的两个孩子就是在绕过合恩角的旅途中夭折的。

辉格党提名斯蒂芬·洛根（玛丽的表亲）来接替林

肯在国会的席位,结果被民主党人否决了。对于这一败绩,有些人不是责备洛根本身缺乏人望,而是归咎于林肯对以胜利告终的墨西哥之战的强烈反对。

回到斯普林菲尔德,林肯对比利·赫恩登说,自己的"政治生命已经结束"。没了政治,他有了顾家和读书的时间。"我又在读书了,是《伊利亚特》和《奥德赛》。你应当读这个。作者收放自如,懂得如何讲故事。"

第六章

林肯腾出手来照顾家事很是及时,因为在 1850 年 2 月 1 日,经过五十二天可怜的呼吸窘迫后,埃迪死去了。儿童夭折太过常见,连有关礼仪的书也会向信奉基督教的母亲提供建议,告诉她们在失去孩子时如何自处。《母亲助理》(*The Mother's Assistant*)描述道,差的母亲说:"我不能失去孩子,不能。她这么聪明,这么有出息。"好的母亲则"信赖全能的上帝并对尘世诸事顺从地低头"。

后一条建议对于玛丽·托德毫无作用。她因哀痛而精神恍惚,尽管第一长老会的新牧师给了她莫大安慰,以至她转而信仰这个派别的长老会教义。同病相怜的林肯夫妇相互慰藉,孕育了另一个孩子。这个男孩出生于次年的 12 月,取名为威廉,长得很招人喜爱,小小年纪就已聪明出众。

1849 年,林肯得知父亲汤姆病倒——"心脏病发作",林肯的异母兄弟约翰·约翰斯顿说。当托马斯于 1850 年冬天病重时,约翰斯顿又通知了亚伯拉罕。考虑到妻子生下威廉后仍在病中,亚伯拉罕决定还是不宜离开妻子去看望病危的父亲。"我们父子即便现在相见,是不是难过大于高兴还不好说,"林肯告诉约翰斯顿,"不管怎样,让他记住去请求并信赖我们伟大、亲切和仁慈的上帝。"

托马斯·林肯死于1851年1月。亚伯拉罕没有参加葬礼，甚至不曾在父亲墓旁立块碑。

在林肯政治失意留下的空当中，19世纪50年代前些年里，他跟赫恩登的法律业务倒是一派繁荣。并且，林肯的家庭也以自己的方式人丁兴旺起来。另一个男孩托马斯出生于1853年，可爱而缠人，有些口吃，林肯对他格外怜爱，亲昵地称他为"塔德"（"蝌蚪"之意）。塔德喜欢恶作剧，顽劣的倾向在父亲对他和威利的纵容下变本加厉。人们常常看见林肯拉着小车，载着威利和塔德走在街上。斯普林菲尔德许多居民会认为这两个孩子是一对淘气鬼。父亲常常把他们带到律师事务所，而在林肯跟当事人谈话时，两个小子就"坐在他腿上吵闹，拍他的脸颊，揪他的鼻子，捅他的眼睛，却不受责骂甚至引不起注意"。赫恩登抱怨说，这俩小子"会把办公室闹得天翻地覆，乱扔书，弄坏笔，碰洒墨水，随地撒尿。我很多很多次想拧他们的小脖子"。赫恩登相信，"要是他们在林肯的帽子里拉屎并抹到他的靴子上，他会呵呵笑还觉得干得好"。

与林肯相比，玛丽对孩子更为喜怒无常，在溺爱与严厉间摇摆不定，有时狠狠地打他们屁股，随后又深深地感到内疚。林肯不出门巡回时，孩子们频频出现在他的办公室，这大概可以用她多变的心情来解释。

这些日子里，林肯发现，乘火车可以到达第八巡回区里的大多数县。他还既高兴又得意地发现，自己成了年轻律师们的导师。例如缅因州贵族伦纳德·斯韦特（Leonard Swett），后来会成为林肯的忠实追随者，并为他竞选总统效力。从最初当律师起，林肯越来越愿意居间调解，而不是付诸诉讼。他又逐渐成了铁路事务的专家，在像县政府是否可以对铁路征税这样的争论中充任伊利诺伊中央铁路（Illinois Central）的代表。与此类似，他也为托尼卡（Tonica）与彼得斯堡（Petersburg）铁路公司、奥尔顿与桑加蒙铁路公司以及俄亥俄与密西西比铁路公司服务。

林肯处理的一个案子特别值得注意，牵涉的是罗克艾兰铁路公司（Rock Island Railroad），它在密西西比河上建了一座铁路桥，通往新的艾奥瓦州。1856 年 5 月，一艘名为"埃菲·阿夫顿"（Effie Afton）的汽船吃力地顶着旋涡，绕着桥墩打转，撞上了一个桥墩并起了火。船主控告罗克艾兰铁路公司。林肯将此案视为两种意见之争,一种是采用东西向的铁路运输,一种是首选南北向的密西西比河——水道运输是南部至上主义者所青睐的。尽管早年有恩于他,但密西西比河实为奴隶制之路,而东西向的铁路就是自由大道。在伊利诺伊州最高法院的法庭上,林肯为铁路公司所做的辩护大获全胜。他事先做了全面的基础工作——测量桥周围的距离,发现"埃菲·阿夫顿"号的一个引擎已经出现故障,而对此船长在尝试穿行桥下之前就已经知晓。陪审团难以裁决,后来多年里会有数度上诉,官司打到美国最高法院。不过,大桥得以保全,而林肯的名气——至少在伊利诺伊——也得到提高。

林肯还在专利案方面成了专家,尤其是案件牵涉到以蒸汽为驱动力的农业机械设计时,这些设计如潮水般涌入了市场。(它们也为终结人们的苦工带来了指望,林肯的童年就可以用这种单调辛苦的劳作来形容。)在关于著名的麦科马克弗吉尼亚收割机案(McCormack Virginia Reaper)中,麦科马克指控另一位发明家伊利诺伊的约翰·曼尼(John H. Manny)侵犯专利权,林肯受聘为曼尼辩护。林肯及其同事准备提出的辩护词,是麦科马克在利用侵权诉讼阻吓他人的发明创造和辛勤钻

第六章

研。然而，案件移送到辛辛那提（Cincinnati）后，一个新到的律师——矮胖而好斗的埃德温·斯坦顿（Edwin M. Stanton）——加入了辩护团队。斯坦顿已经是位十分耀眼的法律界明星，他不明白，为什么还要不嫌麻烦，聘用一个伊利诺伊的"长臂猿"。（当然，他想不到有朝一日，自己会非常高兴在这个所谓猿类的内阁中效劳。）林肯天性谦逊——这是他广得人缘的一个原因——所以竭力隐忍，坐下来向斯坦顿学习。然而斯坦顿平时的轻慢和狂妄，总使林肯感到不快。

1854年冬，在参议院发生了一件事，终于使林肯赢得全国性的声望。而在事件发生时，大放异彩的是斯蒂芬·道格拉斯。这个"小巨人"现在是伊利诺伊的小霸王了。与林肯不同，道格拉斯已不是一届任期的国会议员。他此时已经做了三届美国众议员，并且自1847年起一直任美国参议员。作为民主党最著名的思想家之一，他对奴隶制问题在国会屡屡提起，以及它释放的激烈情绪感到腻烦。道格拉斯提出新的内布拉斯加议案，计划将内布拉斯加的广袤领地分成两个新的准州，内布拉斯加和堪萨斯。这两个准州会成为蓄奴州还是自由州，将取决于人民投票——一个道格拉斯称做"人民主权"的程序。这就规避了密苏里妥协案——直到当时它还仍然禁止奴隶制度越过北纬 36 度 30 分。

几个月后,当这个议案成为堪萨斯-内布拉斯加法案时,林肯只是被震惊的众多政治家之一。道格拉斯的倡议使林肯恢复了参与政治的热情,因为他极力坚持的一些原则遭到了侵犯。他希望西部是自由白人的家园。倘若成为蓄奴州,它就不复如是了。"蓄奴州是让贫穷白人迁出,而非迁入的地方。"

1854 年秋季在皮奥里亚(Peoria),林肯就着火把的光影发表演讲,强烈反对堪萨斯-内布拉斯加"人民主权"法案,由此获得了声望。他说:"近八十年前,我们以宣告人人生而平等起步;可是现在,我们已经从那个开端堕落到另一番宣告,说对于一些人,奴役另一些人是'自治的神圣权利'。"从实用主义的角度,他指出,北部的劳工和移民的自身利益,与南部人涌入市场是相抵触的。后者可能把他们的奴隶劳力毫无节制地带到北部,抢走白人的就业机会。

皮奥里亚演讲帮助林肯再度取得辉格党提名,竞争州议会的席位。可是当选之后,他放弃了席位,以便能够争取美国参议员提名。堪萨斯-内布拉斯加法案必然带来奴隶制的扩张，林肯希望到国会去起全国性的作用，以抵制这种扩张。当时，伊利诺伊州的国会议员是由州议会成员间接选举的。于是，年轻优雅的斯韦特、林肯在巡回法庭结识的身材魁梧的戴维斯法官、后来将奋不顾身地保卫林肯的沃德·希尔·拉蒙（Ward Hill Lamon）、林肯先前的律所合伙人斯蒂芬·洛根——这些人全都聚集到斯普林菲尔德，为林肯在议员中争取支持。

1855年2月8日，当林肯在律师事务所等待结果时，玛丽在州议会走廊里关注选举国会参议员的投票过程。林肯赢得第一轮投票，但距离胜出尚差六票。然而，在一次次协商后，反内布拉斯加议案的民主党人（他们与反内布拉斯加议案的辉格党人联手对抗道格拉斯）宣布，绝不会把票投给林肯。看来他们准备要支持某个民主党人，于是林肯从事务所传出话来，说明他要退出竞选，而自己会支持同为辉格党人的莱曼·特朗布尔（Lyman Trumbull）——一个可能当选的温文尔雅的北方佬。林肯的团队作鸟兽散，玛丽则永远不会原谅特朗布尔和他妻子，他们原本是她的朋友。林肯的失利引得他大发"疑病"。他的确将自己不过如此的状态与道格拉斯的成就进行对照，对方在华盛顿功成名就，在国家事务中举足轻重。而尽管特朗布尔大量寻求林肯的帮助和建议,仍不足以宽慰林肯,或使玛丽·林肯予以谅解。

奴隶制问题无形中分裂了辉格党,南部许多辉格党人赞同内布拉斯加议案,即,赞同人民主权。需要决断的是,辉格党现在是否应当加入被称为共和党的自由土地党反奴隶制联盟。然而共和党似乎又不如美国人党强大。美国人党就是一无所知派,总体上倾向于反天主教、反爱尔兰人和反移民。林肯完全无法设想与一无所知派的废奴主义者合作。

> 我不理解,任何声称容忍不了错误对待黑人的人,怎么还能拉帮结伙,降低一群白人的层次。我们堕落的速度看来快得可以。作为一个国家,我们以声明"人人生而平等"起步。现在我们实际上把它说成"人人生而平等,黑人除外"。一无所知派掌权的时候,它会读成"人人生而平等,黑人,以及外来人,以及天主教徒除外"。事情到了这个地步的时候,我会宁愿移居到某个不假装热爱自由的国家去,例如俄国,那里可以施行纯粹的专制,而毫无低

劣的虚伪成分。

与此同时,一些赞同奴隶制度的人从密苏里闯入堪萨斯,横冲直撞,攻击自由土地党人。他们最终会攻击自由土地党的首府,堪萨斯的劳伦斯,还会纵火。然而,自由土地党也有自己的复仇天神。约翰·布朗(John Brown),狂热的废奴主义者,为了向奴隶制度施以上帝的报复,带着一车车军火前往堪萨斯。

就像辉格党人在堪萨斯-内布拉斯加法案问题上一样,一无所知派也产生了分裂。林肯依然是忠诚的伊利诺伊州辉格党人。他也以这种身份,参加了1856年春在伊利诺伊的布卢明顿(Bloomington)举行的大会。他的目的,是与伊利诺伊所有反内布拉斯加议案的力量结成联盟。还有一些这样的团体分散在北部,自称共和党。林肯所在的联盟发现自己与它们见解一致。想要加入反内布拉斯加议案的自由土地的广泛战斗,就必须是这个新组织的成员,这在林肯看来似乎是显而易见的。于是林肯成为了共和党人,还一并带上了伊利诺伊的其他许多辉格党人,包括比利·赫恩登和斯蒂芬·洛根。

在布卢明顿那次大会上，林肯做了闭幕发言，人人都说他的发言激动人心。只有一些感人的片段留存下来："他就在这里，准备与愿意一起对抗蓄奴势力的任何人联合。"

1856年，共和党要正式提出大选候选人名单。伊利诺伊州共和党布卢明顿大会提出，以林肯为副总统候选人。总统候选人为约翰·查尔斯·弗里蒙特（John Charles Frémont），一位军人、探险家，先前还是民主党人。6月在费城召开了全国大会。林肯留在家里没去参加，不过发现自己作为副总统候选人，得票达一百一十张之多。（这还远远不够，提名属于新泽西的威廉·戴顿［William Dayton］。）在全国范围内积累了这么多代表，林肯心中暗自高兴，尽管嘴上还开着玩笑："马萨诸塞有个了不起的人物叫林肯，必定是取得选票的那个人。"

玛丽，一个女政治迷，就她的年龄来说可谓异类，毫不怀疑丈夫终于要开始在政界登堂入室。赫恩登说，她对林肯喋喋不休地念叨此事，"跟牙疼一样"。林肯一再想让她确信："没人认得我。"然而狂热的玛丽总是反驳道："他们很快会认得的。"

林肯在州里到处演说,支持弗里蒙特,为此甚至不辞跑到密歇根州去。对于雄辩的林肯,演讲介乎一门艺术、一项运动和一剂药物之间。只是,反民主党的选票被一无所知派候选人米勒德·菲尔莫尔与弗里蒙特瓜分了。玛丽支持前者。

年长的民主党候选人,詹姆斯·布坎南(James Buchanan),带有父亲般的沉静气质,人民相信他能够冷却时代的狂热。他们的希望将会被证明是虚幻的,然而布坎南赢得了总统职位。正是四平八稳毫无文采的语风,和显而易见的息事宁人的做派,成了他主要的政治资本。思考着共和党为何失利,林肯认为,原因在于人民以为共和党人赞成黑人和白人两个种族的融合。因此只要是针对他和伙伴共和党人的此类指责,都遭到林肯的激烈反驳。

在秋季的一百一十张副总统选票带来极大希望之后,这个政治不安的冬季,引得林肯再度拿自己与斯蒂芬·道格拉斯相比,使心怀"疑病"的他感到泄气。林肯记得二十二年前他们在万达利亚初遇的时候。两人都雄心勃勃,可是,"对于我,这场雄心之争已宣告失败——一场惨败;而对于他,这成了一场辉煌的胜利。他的大名传遍全国，无人不知，甚至传到了国外"。

林肯渴望取得全国性的影响。他矫正自己与"小巨人"之间这种失衡的最佳机会，将出自1858年与道格拉斯竞选美国参议员。很久以前，他曾经从道格拉斯那里赢得玛丽。现在，他想要从道格拉斯那里夺取参议院的讲台。

第七章

1857年，布坎南就职两天后，自由遭到又一次打击，这次是来自最高法院。德雷德·斯科特（Dred Scott）是个中年奴隶，原由奴隶主带到路易斯安那购地（Louisiana Purchase）北部。在伊利诺伊和威斯康星两个准州生活了八年，主人也死去后，斯科特提起诉讼，理由是在自由土地上的长期居住已让他成为自由人。最高法院大法官罗杰·坦尼（Roger Taney）决心不开此先例。九位法官中，七人驳回斯科特的诉讼，因为依据宪法，黑人不能被视为公民，联邦政府也没有权力影响黑人财产的身份或迁移。《独立宣言》不涉及黑人，他们"至今低人一等，故不具备白人须尊重之各种权利"。

坦尼和布坎南都以为这会结束奴隶制之争，然而就连斯蒂芬·道格拉斯之类的民主党人都为这一判决所震惊，因为与人民主权的看法相比，它走得如此之远，使得后者——一个州的人民可以投票决定接受或拒绝奴隶制的主张——望尘莫及。任何准州议会都不得议决排斥奴隶制！当布坎南决定将堪萨斯作为蓄奴州引入联邦时，道格拉斯感到惊恐，林肯则很乐意见到民主党在道格拉斯支持者和布坎南支持者之间产生分裂。

不过，一些共和党人很快开始将道格拉斯视为英雄，因为他在堪萨斯问题上反对总统。林肯对东部共和党人一直赞扬道格拉斯感到不解。"他们难道认定,共和党的事业,总体而言,可以由牺牲伊利诺伊这里的我们而得到最大促进吗?"林肯对赫恩登抱怨道,霍勒斯·格里利在"吹捧道格拉斯,一个不老实不可靠的人,一味躲闪,总是逃避,本来帮着南部而现在又朝它吠叫"。

林肯不遗余力,挑动伊利诺伊州民主党人之间的分歧。他不动声色地鼓动布坎南麾下的民主党人对抗道格拉斯,还要求一些有实力的支持者调动共和党基金,支持反道格拉斯的民主党报纸。这种做法,跟他早年其他许多做法一样,可以表明他并非如平民神话所描绘,是作为单纯的边远地区人而成为总统的。

6月,在斯普林菲尔德,林肯坐在听道格拉斯演讲的人群中。"小巨人"在演讲中坚称,归根结底,人民主权将会起作用,因为相关的准州可以拒绝授权警方推行奴隶制,以及拒绝制定奴隶法规,从而排斥奴隶制度。至于其他州,他说,在开国元勋谈及平等时,他们指的是白人之间的平等。共和党是一群不分青红皂白的家伙,他们已经导致有些美国人相信,黑人受《独立宣言》保护,是与白人平等的人。他们一旦得逞,白人可以预期白人与黑人的通婚。

林肯开始投入全力，逐一研究最高法院九位法官对德雷德·斯科特的判决，准备与他们以及道格拉斯展开争论。夏日的一场倾盆大雨使各地河水一齐暴涨，造成航运困难，连密西西比河都不例外。6月中旬，共和党在雨中于州议会召开大会。一天下午，一个会议提名林肯为"伊利诺伊州共和党首位且唯一的国会参议员人选"。他将在当晚发言。听了道格拉斯演讲后，他为这次发言已经准备两周了。

在四处都是痰盂的议员会堂，林肯做了发言。这次发言将影响那一代人，并成为他后来与道格拉斯辩论的样板。其中运用了美国宪法、《独立宣言》，以及《圣经》的语言，而且尽管充满专业性论点，不是宪法专家的人们也能把握其中的总体寓意：

> "一幢裂开的房子是站不住的。"我相信这个政府无法永远保持半奴隶和半自由的状态。我不期望联邦解体——我不期望房子坍塌——但我的确期望联邦停止分裂。它将成为完全一种东西或者完全另一种。要么是奴隶制的反对

者阻止这种制度的继续蔓延,将其打入冷宫,使公众安心相信它正走向最终的废止;要么是奴隶制的鼓吹者推行它,直到它在所有的州里,无论老州还是新州,北部还是南部,都变得同样合法。

林肯认为,存在着一种协商而成的策略要使这幢房子成为奴隶制的房子,出谋划策的是坦尼、总统布坎南,还有斯蒂芬·道格拉斯。林肯发言中另一些不那么引人注意的段落,直指道格拉斯见解的荒诞不经:"他那站不住脚的逻辑推断,因为我不想要一个黑人女子当奴隶,所以我必然想要她做老婆……在某些方面她固然跟我不平等;但在自食其力的天赋权利方面,她跟我是平等的,跟其他所有人也都是平等的。"

据赫恩登说,与会者为林肯充满华彩的讲话而入迷,但也有些共和党人和共和党报纸予以谴责,尤其是其中"裂开的房子"这种说法。有个评论员写道:"该死的愚蠢讲话,它会成为林肯和共和党没落的起因。"这是由于,林肯的发言被理解成一种威胁,预示着与奴隶制度的一场无法避免的内战,尽管它会在后世被誉为19世纪的著名演说。这次发言广受舆论非难,出于扭转这种局面的需要,也唯恐毁掉了当选参议员的机会,在伊利诺伊州各方面共和党人的建议下,林肯写信向道格拉斯挑战,提出要进行一系列正式辩论,"在现阶段划分时间,对同一群听众演说"。

道格拉斯本来无须接受挑战,因为他的竞选活动已经热火朝天;不过也许是唯恐拒绝会受到曲解,他同意两人在各个国会议员选区相会(第六和第二选区除外,他们都在那里演讲过了)。与他的支持者不同,林肯信心满满地投入了辩论,他认为道格拉斯天性不诚实:"道格拉斯会向一万人撒谎,尽管明知第二天可能不得不向五千人否认。"对道格拉斯的这种看法强化了林肯的征伐感。

于是,1858年的夏天成了个喧嚣热闹的季节,林肯跑遍全州与道格拉斯辩论,所依靠的支持远逊于道格拉斯旗下的雄厚势力。从一场辩论到下一场辩论,从一次演讲到下一次演讲,道格拉斯参议员乘坐的是火车私人车厢,车体装饰着彩旗。他拥有一位秘书、一名记者、一支同行的铜管乐队,还有漂亮妻子的陪伴。林肯奔赴辩论地点有时坐牛车,有时乘火车,还有些时候是乘公共马车。就这样,他抵达了展开19世纪最著名政治对话的各个站点——渥太华（Ottawa）、弗里波特（Freeport）、盖尔斯堡（Galesburg）、昆西（Quincy）、奥尔顿、琼斯伯勒（Jonesboro）和查尔斯顿（Charleston）。林肯也不乏热心的拥趸。为了1858年8月21日在渥太华举行第一场辩论，一趟长达十七节车厢的专列，载着还是付费乘客的林肯和他的支持者们，径直开入伊利诺伊州的渥太华。一辆点缀有常青树枝的马车早已备好，以便送他前往华盛顿广场的木制讲台，第一场林肯－道格拉斯对垒将在那里展开。

事实证明，道格拉斯是个投机取巧的辩论者。他问道，共和国能够半奴隶制、半自由地存在下去，怎么会有人质疑这一点。难道这一方式不是开国元勋们自己创造的吗？林肯的主张将会"让黑人移民住满你们的大草原……把这个美丽的国家变成自由黑人的殖民地"。道格拉斯娴熟地玩弄着制造恐慌的政治伎俩。

林肯强有力地予以反击，不知他是如何察觉不能采取守势的。林肯与亨利·克莱站在了一边。克莱曾经说，那些想要压制自由和最终解放趋势的人，"如果他们想要这么做，他们就必须回到我们独立的年代，蒙上每年都再次欢鸣的炮口；他们必须吹灭环绕我们的道德烛光；他们必须刺透人类的灵魂，还得根除天下对自由的热爱，那时，只有到了那时，他们才有可能使奴隶制在这个国家长存下去"！

林肯继续说道："在这个问题上我们将不得安生，除非反对奴隶制的人们制止了它的进一步蔓延……在自食其力而无须其他任何人准许的权利方面，奴隶跟我是平等的，跟道格拉斯法官是平等的，跟每一个在世的人都是平等的。"

对于林肯在这头一场辩论中所运用的攻势，他的经纪人感到很满意，告诉他继续采取这种方式。到达伊利诺伊州西北部的弗里波特时，林肯举着一个楔子，作为心中期待的象征，意在希望自己的言辞能够在民主党人中造成分化。站在讲台上，面临着欲来的风雨和台下一万五千名听众，林肯力图强调布坎南和道格拉斯之间的分歧："作为美利坚合众国一个准州的人民，能不能以任何合法的方式，违背美利坚合众国任何公民的意愿，于一州宪法形成之前先拒奴隶制度于州界之外？"布坎南会说不能，道格拉斯会说能。即便林肯的声音高亢嘹亮，即便道格拉斯的言谈官场技巧十足，也难说有多少人真正在听，反正他们各说各话的争论会重现于第二天的报纸上。

利用各场辩论的间隙时间,在露天就餐处,在十字路口的碰头处,甚至在总是气球飞扬的政治集会中,林肯还在抓紧审理手头的案件。道格拉斯总是咬住林肯在鼓吹"黑人公民权"的说法不放。处于守势的林肯在琼斯伯勒和查尔斯顿表现欠佳,尤其是考虑到查尔斯顿位于伊利诺伊州南部,那里反黑人情绪最为强烈。"我现在没有,也从来没有主张让黑人成为选民或陪审员,也没主张培养他们担任公职,也没主张他们与白人妇女通婚。"道格拉斯从而得以穷追猛打,斥责林肯在伊利诺伊州北部的反奴隶制言论,跟在南部所说相互矛盾。

琼斯伯勒位于伊利诺伊南部,接近肯塔基州界。由于天气恶劣,当地的辩论会仅仅吸引了一千二百人的听众。然而在查尔斯顿,双方都遇到了很大麻烦。一支由三十二个年轻女子组成的马队,代表联邦各州支持林肯。而在盖尔斯堡,赞同林肯的基础扎实得多,林肯于是重新开始正面攻击奴隶制的不道德性质:"我相信奴隶制是错误的,并信奉出自这一信念的政策,它要制止这种错误的扩大。"听众有两万人之多,冒着刺骨的秋风,林肯和道格拉斯在台上唇枪舌剑地交锋。不过在这里,跟他们到过的每个城镇都一样,辩论都成了轰动社会的事件,有铜管乐队、露天表演、民兵游行作为前导——而那些把这些辩论当成赶集的人们,总是能在第二天的报纸上读到实际的文本。

最后一场辩论将在伊利诺伊州南部,密西西比河畔的奥尔顿举行,当地看来由于道格拉斯身为反废奴主义者而拥护他。玛丽出席了那场辩论,桑加蒙-奥尔顿铁路从斯普林菲尔德开出一趟半价旅游列车,林肯夫妇及其十五岁的儿子罗伯特都在车上。罗伯特穿着斯普林菲尔德军校学生的制服。

天气跟盖尔斯堡辩论那天的几乎同样严寒,而到达时所看到的使玛丽愈发情绪低落。大街小巷点缀着民主党的标语,一队队民主党人举着旗帜,上面是"人民主权"之类的口号。阿贝幸运地发现了一个共和党人,就把他派到玛丽身旁,好让她放心地以为,尽管民主党气焰嚣张,人群中还是不乏忠诚的共和党人。

林肯在奥尔顿大放光彩。在一段精彩的演讲中,他将奴隶制度与君权神授相提并论——后者在美国是令人厌恶的原则。"不管以什么形式出现,无论出自国王之口,他谋求骑在臣民身上并依赖他们的劳动成果生活;还是出自一个人种之口,以便作为奴役另一个人种的辩解,这种制度同样是暴虐的原则。"

随着辩论的持续，林肯变得越发乐观。他投身于选举活动，知道自己发表了六十场演讲，在全州各地旅行四千三百英里以上，还与其他共和党人一起为共和党候选人们争取到十二万五千张选票，而道格拉斯派民主党的得票是十二万一千张。可是共和党的票分布不均，在逐个席位统计的基础上，与共和党的四十席对比，民主党候选人赢得四十六席。1月，当州议会在斯普林菲尔德召集会议时，选票服从于党派路线，就连布坎南派的民主党人都把票投给了道格拉斯。林肯谈起了笼罩全家的"失败情绪"。狂热的选举活动过后停歇下来时，"疑病"袭扰了他，也袭扰了玛丽·托德。别的且不说，为了对抗道格拉斯，他们已经投进了一大笔钱。

不管怎样，林肯认识到这些辩论的性质值得注意。他写信给芝加哥一家报纸，请相识的编辑将辩论的全套资料以快递方式寄过来。他将与道格拉斯之争视为自己人生的顶点，相信在日后默默无闻的生活中，这些辩论的文字记录会慰藉自己。他知道，道格拉斯乃至布坎南的世界观，都注定失败，然而对于自己在其未来灭亡中所起的作用,他认为不过尽了一介政治步卒之责而已。

直至1859年2月,一位委托人看到林肯仍然情绪低沉,便对他表示同情。林肯解释道,他觉得自己就像"脚趾踢到硬东西的孩子,已经长大了不该哭,但又疼得厉害,笑不出来"。

与此同时,玛丽为了自我安慰而沉溺于购物。在妹夫克拉克·史密斯的商店里,她买了六码格纹丝绸、十码半麻纱和开司米,还有各式各样的褶带、绳绒线、纽扣,以及长袜。可是,她并不自己做衣服,而是把买来的材料送到爱尔兰裁缝拉巴尔特夫人那里。玛丽惯于丑化爱尔兰人,拉巴尔特夫人服装店的法文店名使店主得以幸免。好在阿贝忽然入账四千八百美元,是伊利诺伊州中央铁路支付的诉讼费。

令林肯感到意外的是,他的法律业务不得不继续与政治活动兼容并蓄。因为,尽管未能进入国会参议院,与道格拉斯的辩论还是让林肯在全国有了名气。伊利诺伊州的几家报纸,提及他时开始把他视为1860年可能的总统候选人。一个朋友在布卢明代尔(Bloomingdale)的法庭休庭后带他散步,告诉他东部的共和党人在打听,这个使道格拉斯如此疲于应对的林肯究竟是个什么人。伊利诺伊州有个编辑打算预测林肯会成为总统候选人，林肯对他说："我觉得自己不适合总统职位。"理由之一是，他认为自己不具备足够的行政才能，而且，总统竞选牵涉的赞助、当选后为酬答纷争的党派利益而可能需要的大量政治好处，都使他望而却步。无论是否完全真心，他对一个愿意推举他为总统候选人的共和党人说："为了我们的事业，我真的觉得，最好不要如你建议的做这类共同努力。"

萨蒙·蔡斯（Salmon P. Chase）是俄亥俄州著名的反奴隶制共和党人。林肯拿出时间劝告他，说自己认为，"如果向下届共和党全国大会提议废除《逃亡奴隶法》（Fugitive Slave Law），将搅乱大会，并动摇共和党"。也就是说，应该保留奴隶主追索出逃财产的权利，因为任何其他选择的政治后果都将是灾难性的。虔诚而雄心勃勃的蔡斯，是共和党总统候选人的主要竞争者之一。林肯极力向如此著名的人物提出建议，表明了他对沦为卑微政客的隐忧，是被他在大辩论中的滔滔雄辩掩盖了。

林肯不失时机地谈论其他话题，如蒸汽犁的发明等等。他对这一类发明的热情愈发强烈，因为它们把自给自足的农民带进现金经济，带进自我提升的环境，让他们有机会取得识字和计数的能力。在密尔沃基（Milwaukee）的威斯康星州农业协会，他驳斥"所有劳工必定不是雇佣劳工就是奴隶"的观念，这是道格拉斯所热衷的一个说法。"说什么自由人注定终生处于雇佣劳工的境地，根本没有这么回事。"他自己的成功，确实还有他本人的谦逊，再度使他认为人们在社会中的地位都是可以上升的，美国共和党的无阶级差别观解放了他们。人们并非固定于社会的"基底"层。"演讲者本人二十八年前就是个雇工，"林肯在印第安纳波利斯（Indianapolis）对一群听众说，"他没想过自己的日子比奴隶的还糟。他可能一直做得还不够好，但他如今是在为自己工作。"

1859年秋冬时节，虽然林肯越来越多地作为潜在的总统候选人被提及，但仍有一些更知名和成熟的共和党人被认为是比他好的总统材料。最著名的是威廉·亨利·西沃德（William Henry Seward），前参议员及纽约州州长。萨蒙·蔡斯，来自俄亥俄州的笃信宗教的律师，也被视为提名的热门人物。有些前辉格党人，如约翰·麦克莱恩法官（Justice John McLean）和爱德华·贝茨（Edward Bates），他们在党内的全国性地位高于林肯。而总统候选人提名是相当值得争取的前景。任何得到提名的人都有很大的胜出可能,这纯粹是因为在道格拉斯派民主党人与更彻底地支持南部的人们之间存在分歧。

林肯回到巡回法庭工作,在乡村法院尽情释放他雄辩的才华。这时报界得到消息,在弗吉尼亚州,约翰·布朗试图夺取设有联邦军火库的哈珀斯费里(Harpers Ferry),鼓动奴隶叛乱。民主党人居然将布朗暴动归咎于共和党人的热情,以及林肯本人的反奴情绪,这使林肯大为震惊。不过,还在他四处巡回时,斯普林菲尔德和芝加哥的一些重要人物已经在组成支持他的同盟。

1860年1月,林肯的"特别朋友们"在斯普林菲尔德与林肯会面,着手筹划他的提名。其中有洛根、戴维斯法官、拉蒙、赫恩登、斯韦特,还有芝加哥的报界人士诺曼·贾德(Norman Judd)——他们都认同林肯关于美国改进项目的辉格党式设想。布坎南总统试图接受堪萨斯州作为蓄奴州加入联邦,令他们心生厌恶;而林肯认为废奴主义的危险在于解放的奴隶可能压低白人劳工的工资,则使他们认识到林肯是个明智的家伙。不仅如此,他们想让伊利诺伊州及其开明的有识之士们获得更多权力,并且花钱通过总统得到官职、岗位和头衔。

第八章

在那个严寒而充满忧虑的冬季,林肯应邀前往纽约市,在布鲁克林(Brooklyn)的普利茅斯教堂(Plymouth Church)发表演讲,亨利·沃德·比彻(Henry Ward Beecher)在该教堂任牧师[①]。纽约许多重要的共和党人反对西沃德当总统候选人,突出的原因是他一度促进共和党与斯蒂芬·道格拉斯的结盟。在某种程度上,林肯现身纽约,意在测试自己有多合纽约和新英格兰共和党的口味。出于需要,他的演讲地点改到库柏联盟学院(Cooper Union),作为那里"西部共和党名人系列演讲"的一部分。当林肯乘火车抵达纽约,受到反对西沃德的共和党要人迎接时,他心里一定非常明白,自己如果表现得当,《论坛报》的霍勒斯·格里利,这个国内也许分量最重的共和党喉舌人物,就会乐于加以支持。

亚伯拉罕被安排住进阿斯特酒店,这个城市的顶级宾馆。2月里,在讲演当天,他去马修·布雷迪(Mathew Brady)照相馆拍了张照片,以备在东北各地散发之用。跟极少数留存下来的林肯早期照片类似:一个身形瘦削、脸刮得干干净净的高个子男人,神情威严,轮廓粗犷,

---

[①] 比彻是废奴主义的坚定支持者。

外表看上去似乎很有力量,而深陷的眼中带有难以捕捉而无法去除的忧伤。他仿佛是人迹罕至的森林里伐下的原木,经受了奔腾洪流的打磨冲蚀。后来那些由于林肯在1860年大选中胜出而憎恨他的人们,确实称他为"原木王",他就像一截树干,从桑加蒙河顺流而下,漂到伊利诺伊河,漂到密西西比河,然后漂出河口,被无情的偶然性推向岸边,在波托马克(Potomac)河那污秽的堤坝上搁浅。

库柏联盟学院演讲的当天十分寒冷,夜幕降临时又刮起了风,落下了雪。然而,一千五百名共和党人顶风冒雪,从四处赶来聆听林肯讲话。他们中有些人望着演讲者心生疑惑,不知自己的选择是否正确,因为有个目击者说,亚伯拉罕·林肯身上带有"某种怪异、粗糙和草莽的意味"。在威廉·卡伦·布赖恩特(William Cullen Bryant),一个共和党政治掮客、诗人和报纸编辑的一番介绍后,林肯迟疑地开口了。他高亢而带鼻音的西部腔,在温文尔雅的纽约人心中引起了更深的困惑。然而,林肯作为演讲者的力量在于他的使命感——他的激愤除了论述其他问题还证明,开国元勋经常投票让国会监管奴隶制,他们意识到需要将它作为惯例加以限制,而非作为权利给予许可。他引用托马斯·杰斐逊的话说："我们仍然拥有权力,引导奴隶解放和遣返的进程,平和地,如此缓慢地,犹如邪恶会不知不觉地渐渐消失;而他们的位置将由自由的白人劳工填补,以同样的步调。"

林肯告诉听众,在罗杰·坦尼和斯蒂芬·道格拉斯之前,从未有人质疑联邦政府在联邦领土上控制奴隶制的权威。南部想要"我们停止认定奴隶制是错误的,并且与他们一道,在语言上也在行动上,都认定奴隶制是正确的。只有当整个氛围都'完全不受反奴隶制势力的污染',他们才会不再为他们的问题来指责我们。……如果奴隶制是正确的,那么与之对立的所有法律和所有的州宪法都必须遭到抛弃"。

《论坛报》的年轻记者诺厄·布鲁克斯(Noah Brooks),就所处时代发表有大量评论,从那个晚上起便开始一心关注林肯。他在报道中记录了不断高涨的热情,和打断林肯演讲的阵阵掌声。布鲁克斯引述其中一位听众的话说:"他是自圣保罗以来最非凡的人。"《论坛报》致力于抬高林肯和贬低西沃德,报道称:"在此之前,从未有人第一次面对纽约听众便造成如此影响。"这已经是一次大胜,而远远不只是为了霍勒斯·格里利等人所寻求的任何政治利益。

在纽约旗开得胜后,林肯又赴各地进行演讲,罗得岛的普罗维登斯(Providence)、还有菲利普斯埃克塞特学院(Phillips Exeter)所在的新罕布什尔(New Hampshire),罗伯特正在这所预备学校学习,准备升入哈佛。林肯爱子们的青少年时代,跟林肯读不成书、劈围栏木的早年相比,有着多么大的反差!只是罗伯特似乎从未表现出多么感恩。(赫恩登说,罗伯特的阴沉简直与玛丽·托德如出一辙。)一个礼拜日,林肯同意跟罗伯特一起上教堂,然后一同吃饭。回到宿舍后,罗伯特的一个室友为亚伯拉罕·林肯弹奏了班卓琴。在哈特福德(Hartford),他遇到了蓄着白髯的吉迪恩·韦尔斯(Gideon Welles),康涅狄格州一个很有影响力的共和党人和记者。韦尔斯在私下交谈中的积极看法,让林肯更加相信,自己还是有机会取得总统候选人提名的。

1860年5月,伊利诺伊州民主党大会在迪凯特召开。为此特地搭建了一个巨大的帐篷或者说棚屋。开会的时候,林肯的表亲约翰·汉克斯和一个朋友穿行在过道中,抬着两根围栏木,木条间夹着横幅——"亚伯拉罕·林肯,围栏木总统候选人",下方还标明:"两根围栏木出自整整三千根,都是1830年由林肯家的托斯①、汉克斯和阿贝劈成的。林肯的父亲是梅肯县最早的拓荒者。"

会场沸腾起来。而唯一对这样一种拉票方式不以为然的,是亚伯拉罕本人。这里有砍好的围栏木,据信是他在自己的奴隶时代劈成的。两根出自整整三千根——象征乡村繁重劳作的成果,麻木的忍耐和他宁愿遗弃的过去。然而,劈木头"阿贝"的说法不胫而走,大受美国公众喜爱。势所必然,他获得了伊利诺伊州代表们的提名。

结果,在芝加哥的弗里蒙特酒店设立了一个总部,以作为基地,推举林肯的总统候选人地位。酒店与芝加哥威格万会议中心——共和党大会最终召开的地点——相隔五个街区。林肯的团队从弗里蒙特酒店出动,在酒店各个房间里,开始游说全国大会的各地代表。他们注意到,人们对林肯都怀有很大的善意,因为他的事业成就尚未显赫到聚敛敌人。只是,奥维尔·布朗宁和赫恩登并不认为林肯能赢,对他候选资格的支持度也会渐渐

---

① 托斯,托马斯的简称。指林肯的父亲。

降低。

5月中旬,全国的代表齐聚芝加哥。林肯和玛丽都没有赴会——候选人与会是不合惯例的。他们都留在斯普林菲尔德。玛丽在家中等待消息,亚伯拉罕则在事务所里打转。

林肯收到的最早消息来自贾德。贾德声称:"除了顽固的老政客,没什么人能击败我们。"他还说:"听我的,你不是最没机会的……别抱太大期望,只依靠咱们的判断。我再说一遍,鼓起勇气来,面对任何结果。"林肯自己已经给戴维斯发去口信:"什么合约都别订,免得束缚我。"第一轮投票,西沃德得到一百七十三点五票,林肯一百零二票。由电报得知这些数字,一个超过他预期的票数,林肯在事务所再也待不住了,他直奔桑加蒙日报社。又来了一封电报:第二轮投票结果,西沃德只得到十一票,而林肯七十九票。一些目击者说,最后一封电报到达时,林肯已经到当地一个球场去玩手球了。电报内容激动人心:获得提名的是你,林肯。

有个与会者说,在芝加哥的会场里,最后计票时俄亥俄州的四票从蔡斯转向林肯,从而使他获得了提名。议员席上顿时轰动起来,就像"所有曾在辛辛那提挨宰的猪一起发出垂死的尖叫"。会议选出汉尼巴尔·哈姆林（Hannibal Hamlin）——一位来自缅因州的前民主党人——作为林肯的竞选搭档。

接到消息时，林肯对聚集在报社的支持者们说："好了，先生们，我家里还有个小女人，对这封电报可能比我更感兴趣。要是你们能谅解的话，我想拿电报去让她看看。"镇上回荡着铜管乐、颂歌和庆祝游行的欢声笑语。林肯被困在家里好几天，在他白色框架的住宅周围聚集了热情的人群。当林肯对他们说如果房子够大，他愿意把他们都请进家里时，有个看热闹的人喊道："明年3月4号我们会给你个大房子！"（那是次年的总统就职日。）林肯一刻不停地忙于处理信件，接待共和党要人，包括可能索取内阁职位的人，比如西沃德和萨蒙·蔡斯。受林肯对1846年战争的反对所鼓舞，墨西哥外交官也找上门来，表达对两国合作关系的期待。为了便于应付纷至沓来的求职者、记者以及其他人，州议会的州长房间被提供给他使用。在那里，他可以接待众多的来访者，应对数量巨大的信件，而不受顽皮的塔德干扰。

出于第十五次总统竞选的需要，当年夏天将出版林肯的小传。林肯得提防不实记述，尤其是小传中可能出现对他童年的虚构。即便这些都是由共和党人撰写的，他们在神化林肯童年、剔除所有纯粹的苦涩时，似乎认同杰斐逊式的神话，相信一切的不诚实、狡猾或不光彩，都不可能出自贫民的木屋。这种设想弄得林肯哭笑不得。

林肯还不得不使一个记者确信，他从来都不是一无所知派任何组织的成员。他需要改正著名的纽约演讲文本的校样。他还得给罗伯特的一个朋友写信，劝他无须为没有升入哈佛而烦恼（罗伯特已被录取）。他也给十一岁的格雷斯·贝德尔（Grace Beddell）回信，这孩子建议他留胡子："……你会显得帅多了，因为你脸这么长。""由于从来都没留过，"林肯在信中回复道，"我要是现在开始留，你不认为人们会管这叫冒傻气吗？"许多人，包括林肯本人，都关注起仪表和着装来。他重新斟酌自己的行头。纽约的一群共和党人相当认真地向林肯呼吁，"坦率地说"，他如果蓄络腮胡，并穿立领衣服藏住皮包骨的脖子，他憔悴的外貌就会没那么明显。当年晚些时候，林肯会屈从贝德尔小姐和共和党同伴们的建议，开始蓄胡子。

为了处理大量的工作，林肯雇用了一个秘书，约翰·尼古拉（John Nicolay），一个年轻的德裔美国人。尼古拉先前在该州首席检察官的办公室担任过秘书兼档案员。有鉴于此,他会成为林肯的得力手下。不时有人接二连三地找上门来,谋求联邦大大小小的职位,林肯为此感到自己不足以担当总统重任,还意识到自己成为共和党总统候选人有偶然因素。他认为自己是"意外入选的"。

在查尔斯顿召开的民主党大会分裂成两派。一派为杰斐逊·戴维斯等人,他们支持在相关准州推行约定俗成的联邦奴隶法规;一派为道格拉斯及严格的人民主权原则的支持者。道格拉斯无法获得提名所需的三分之二支持率。陷入僵局的民主党,包括许多南部"脱党者",到巴尔的摩重新开会,但"脱党者"再次退出并自行开会,提名布坎南内阁的副总统约翰·布雷坎里奇(John C. Breckinridge)为他们自己的候选人。6月18日,巴尔的摩的主会场提名道格拉斯。民主党的分裂现在已成事实。林肯似乎注定要赢,因为民主党的选票一分为三,被道格拉斯、南部民主党候选人布雷坎里奇,以及余下的辉格党一无所知派候选人约翰·贝尔瓜分。

与此同时,在社论中和公共会议上,南部的民主党人及其北部的朋友宣称,假如林肯当选,成千上万的逃亡奴隶就会"移居到他们的朋友所在的"北部,"并由朋友安置在白人身边展开竞争"。这是"小巨人"斯蒂芬·道格拉斯放出的风声,他几乎立即投入了全国范围的竞选活动。那时,总统候选人亲自出马尚属前所未有的做法;但他觉得事情如此重大,他必须有所行动——作为真正的全国候选人而非某派别候选人出面,并承诺维系联邦。竞选活动的繁忙加速了他的死亡——那将发生于1861年晚些时候,血腥的伤亡开始增加之际。①

极有胆量的道格拉斯唯恐民主党高层的分裂会导致林肯当上总统,便南下以提醒人们要警惕关于南部脱离联邦的危言耸听。然而,在南部的民主党人眼中,道格拉斯几乎跟林肯同样邪恶。

林肯本人在南部引起了深恶痛绝与歇斯底里的情绪爆发。人们普遍地认定,他是奴隶暴动的支持者。热传的流言说,林肯的当选会最终引发故意伤害、异族通婚和奴隶自由,将成为脱离联邦的充分理由。比利·赫恩登整理出最新的言辞激烈的南部报纸,送到林肯和尼古拉在州议会的办公室。林肯被描绘成面目狰狞的恶棍,

---

① 道格拉斯去世于1861年6月,南北战争爆发于1861年4月。

嗜杀成性的暴君，一头黑猩猩，与约翰·布朗一样助长奴隶暴动的人。南部的联邦派警告共和党，歇斯底里和疯狂失态在南部已经风行开来，林肯被妖魔化为相貌离奇古怪、搅得天下不宁的人。"我还能说什么才能平息恐慌？"对于那些想让他再发表声明以安抚南部的人，困惑的林肯问道，"任各州存在奴隶和奴隶制，而政府不予干涉？这话我都讲了多少遍，再讲就成嘲讽了，反而显得懦弱。"的确，他是对的。南部病得实在不轻。

林肯不愿说得太多，大概是听了威廉·卡伦·布赖恩特等人的明智建议。他发表著名的库柏联盟学院演讲时，主持演讲的就是编辑布赖恩特。布赖恩特曾建议他"作为候选人别演讲，别写信"。言论记录自己会说话，而稍加注解也许就会产生细微差别，可能遭到南北两地报纸的曲解，给竞选带来大问题。

在林肯的沉默中，记者们开始注意到，与其他政客的妻子相比，爱好政治的玛丽·托德·林肯不太一样。她喜欢说话，消息灵通，是采访报道的好对象，尤其是林肯已经不再多说，只让大家去读他以往的言论。玛丽后来会跟先前的一些总统夫人一样，发现做个直言不讳的第一夫人是危险的。

在竞选中，林肯从一开始就明智地避免与任何人结盟，无论是一些西沃德式的东部人，更坚定的废奴主义者萨蒙·蔡斯，参议院另一位废奴主义领导人查尔斯·萨姆纳（Charles Sumner），还是其他任何派别的人士。这样做的好处，至少意味着林肯将来可以按自己的主意安排人事，而且并不会导致在共和党内厚此薄彼。最理想的则意味着林肯高度的智慧，承认需要所有派系都选他。这是原则。那个夏天，在第八巡回法庭和杰克逊的餐桌旁，他会一再向党内的头面人物们重申这一点。

此时，父母钟爱的威利——聪明过人，小小年纪就能看书——染上了猩红热。林肯夫妇本来就对选票流失和选举失利心存担忧，孩子的病则让他们益发焦虑。玛丽写道："我简直不知道，自己怎么能够挺得住，承受选举失利的后果。我相信我们不会受到这种折磨。"他们遭到两面夹击，一面是南部报纸评论员们极其恶毒的詈骂，一面是废奴运动先驱加里森和温德尔·菲利普斯（Wendell Phillips）的指责——他们认为林肯式的渐进主义缺乏道德，畏首畏尾。1860年的选举日期，各州并不一致。10月在宾夕法尼亚和印第安纳进行的选举，被视为共和党选情的风向标。两个州的共和党人州长和议会成员均得以当选，林肯于是写信给西沃德道："现在看来，政府似乎真的要落入我们手中了。"11月6日，选举那天，林肯是在斯普林菲尔德的事务所中度过的。他三点左右就出了门，穿过广场去投票。然后，他与一些支持者一起赶到电报局，全国各地的普选报告将通过电报发向那里。林肯窝在电报局的沙发里，接收纷至沓来的消息。伊利诺伊的局势发展显而易见，大大有利于林肯。新英格兰的情况也是如此。来自北部各州的选票数字都令人鼓舞。纽约州的双方选票数持平，不过到了午夜，从纽约州发来的报告表明，平局已被打破。州议会大楼前的广场上聚集了大批人群，林肯的支持者则从电报局跑去广场，好让人们随时了解选举报告。林肯被带往州议会，参加庆祝餐会。他穿过一群群支持者，他们口中唱着："你难道不欢喜，加入了共和党，就在伊利诺伊！"餐会是玛丽及另一些共和党妇女安排的，她们兴高采烈地挤在四周，称林肯为"总统先生"。

凌晨一点半，并非如此充满赞美的报告由南部传来。林肯事先把玛丽送到家，再返回电报局，最后步行回家。他意识到自己虽然会赢得北部支持，但得不到绝对多数票。然而，他本希望争取到总统选举团绝对多数的选票,从而作为总统拥有强大的合法性。走在街道上,避开共和党支持者的欢腾喧闹——他们将彻夜聚集在市中心——林肯感到了总统大位的沉重负担,而这个位置竟是他一直梦寐以求的。

林肯将永远再无片刻的喘息机会逃避这一重负。"好啦,小伙子们,"次日他会对记者们说,"现在你们的重任已经完成,而我的却刚刚开始。"

林肯在选举团的最终票数是一百八十票。布雷坎里奇获取了选举团中的大多数南部选票,共得七十二票。贝尔在选举团占到三十九票,在弗吉尼亚、肯塔基和田纳西三州获胜。而道格拉斯虽然在全国获得一百三十万张,但由于只赢得了密西西比和新泽西两个州,他在选举团里仅仅取得十二票。若论个人的光彩,林肯与道格拉斯先前差距不小,现在这种不平衡已经大为改观。风水轮流转,"小巨人"的时代就此一去不返了。

第九章

甚至早在全部选票到齐之前,南卡罗来纳州州长就已召集州议会举行特别会议,授权召开全州大会,讨论解散联邦,组成南部邦联。亨利·雷蒙德(Henry Raymond),《纽约时报》的编辑,恳请林肯发表声明,表明态度。林肯不为所动。他不想说任何话火上浇油。他唯恐自己眼下的任何言论,不仅不能平息风波,还会被"《华盛顿宪章报》(*Washington Constitution*,华盛顿特区的一份亲南部日报)及其同类……视为对他们(南部)的公开宣战"。

林肯的一些朋友,迫于即将在南卡罗来纳召开的脱离联邦大会的压力,劝他允许奴隶制以人民主权为基础扩展,进入原密苏里妥协案界线以南的准州。愤怒的林肯答道:"对于任何共和党人有意与任何形式的人民主权勾勾搭搭,我都感到遗憾。它承认奴隶制与自由有平等的权利,放弃了我们曾经为之奋斗的一切。"

南卡罗来纳脱离联邦大会召开,并于12月20日决定,通过脱离联邦法令,向各蓄奴州派出特派员,邀请它们加入"一个伟大的蓄奴邦联"。在此期间,布坎南还在掌权的时候,密西西比响应了南卡罗来纳的号召。随后,1月10日,佛罗里达采取了同样的举动。到2月

1日时,阿拉巴马、佐治亚、路易斯安那和得克萨斯也加入了脱离联邦州的阵营。2月4日,在阿拉巴马州的蒙哥马利,所有脱离联邦州派出的特派员举行会议,成立了南部邦联。随着整个事态的发展,许多与林肯地位相当的人惊慌不已,而林肯始终保持沉默,只在一些私人信件中例外。其中有一封写给亚历山大·斯蒂芬斯(Alexander Stephens)——佐治亚的杰出政治家和未来的南部邦联副总统。林肯在信中表明了自己的态度:在他的治下,南部丧失奴隶的风险,绝不会比往昔华盛顿时代大一分一毫。"不过,我想,问题不在于此。你认为奴隶制是正确的,理应扩展;而我们认为它是错误的,理应受限。我想,这才是矛盾所在。"

在整个脱离联邦时期,林肯错误地以为,根据必要性原则,到了关键时刻,南部是不会脱离联邦的。因为与北部决裂,成为陷入围攻的蓄奴邦联,这不符合南部各州的利益。很多蓄奴州似乎意识到这一点,因为在林肯一家租出房子,打好行李,准备离开斯普林菲尔德的时候,尽管南部很多州已做出脱离联邦的姿态,但马里兰、肯塔基、特拉华、密苏里、弗吉尼亚、阿肯色和北卡罗来纳仍然留在联邦里。林肯对赫恩登说,他"在内心深处无法相信南部有意推翻政府"。这一信念可能是他政治生涯中最大的错误判断。

1860年12月,身在斯普林菲尔德的林肯就已经开始选择内阁阁员。西沃德——"一副提不起精神的单薄体格,脑袋让人想起聪明的鹦鹉"——即将出任国务卿。萨蒙·蔡斯——共和党的首席理论家,目光已投向1864年大选——成为财政部部长。爱德华·贝茨——一个年近七旬的矮胖密苏里人,仍然认为自己是个辉格党——受邀担任总检察长。来自边界州①的背景,使他更适宜作为潜在的内阁成员。吉迪恩·韦尔斯——康涅狄格州前民主党人和现共和党人,曾给林肯以鼓励——被任命为海军部部长。西蒙·卡梅伦(Simon Cameron)不太出名,是个身材高大、人品可疑的宾夕法尼亚商人。他倚仗在党内的影响力,为自己谋求财政部的职位。但经过很大争议后,林肯不无厌恶地让他做了军事部部长②。林肯说卡梅伦的"名字本身便因腐败而为人民所嫌恶",任用他也是不得已而为之。另一个已承诺的内阁职位,内政部部长,交

---

① 边界州,指南北战争时期没有宣布脱离联邦的蓄奴州。
② 军事部,多译为战争部,为美国国防部前身。在林肯的时代与海军部一起管理军队事务,相当于陆军部。部长为内阁成员。

给了印第安纳的凯莱布·史密斯（Caleb Smith）。

在组建内阁和结算利益期间，联邦在查尔斯顿港的三个要塞组成的守备区合并成一个，萨姆特要塞。林肯唯恐布坎南会向南部交出萨姆特。林肯打算，这个可耻的举动一旦出现，他就要发表公开声明，确保在3月就职后夺回这个要塞。

就连林肯内阁未来的国务卿西沃德，也提出一个计划，通过承认新墨西哥为蓄奴州来收买南部。西沃德还积极参与和平大会，会议于2月4日在华盛顿召开。他和其他北部人忙着设法反对或拖延脱离联邦的明显举动。然而，他们想要采取的手段，大都包括扩展奴隶制，用林肯的话来说，是试图为新一届政府于3月执政换取其实已经赢得的权利。林肯相信南部最终不会脱离联邦，他仍然坚定而冷静，私下还应付着其抑郁天性带来的症状，那种令他无能为力的忧虑可能会悄然降临，毁了他的睡眠。

在斯普林菲尔德的最后一个下午，林肯在事务所处理了最后几件事，翻了翻藏书，就如何了结未尽事宜给了比利·赫恩登一些指示。然后，他穿过房间，倒在办公室的沙发里。"这沙发，使用多年之后，已被挪到墙边以求支撑。"他让赫恩登把"林肯与赫恩登"的事务所标牌继续挂在楼下。"只要活着，我说不定什么时候就会回来，然后我们依旧开业，好像什么事都没发生过。"就在几天前，林肯已经去过科尔斯县，看望继母萨莉。在农舍的炉火边，他握着她的手，风吹打着窗户。有人说，他让人为汤姆·林肯的墓加了块石碑，不过另一些可信的人并不认可这种说法。然而，斯普林菲尔德和华盛顿，一边是州议员及巡回法庭律师，另一边是政府首脑和白宫，这两者间的距离足以使一个人着手安排种种事务，以防万一。

把房子租出去之后，林肯一家住进切纳里旅馆，在那里度过了在斯普林菲尔德的最后几天。虽然在人人欢天喜地、兴奋溢于言表的斯普林菲尔德很难相信，但外地的确存在针对林肯的诸多威胁。意识到这一点，林肯让玛丽跟他分头走。由于玛丽对此有强烈意见，林肯至多能够做到的，就是安排自己和罗伯特同一趟火车离开，玛丽、威利和塔德则乘稍后的车走，到印第安纳波利斯再会合。

然后林肯和罗伯特及其随行人员出发前往大西部铁路的车站。当天非常寒冷，但那里已聚集了上千人，要求林肯讲话。"我所成就的一切，都归功于这个地方，归功于这些人的恩情。"亚伯拉罕说，"我的孩子们就出生在这里，有一个还安葬于此。现在我走了，不知道什么时候能回来，或者到底能不能回来。因为摆在面前的任务，甚至比华盛顿所担负的还要重大。"然后，出于形势需要，他祈求上帝，态度诚恳，但方式多少有些隐晦。

与之同行的有约翰·尼古拉和另一名秘书，二十三岁的约翰·海（John Hay），后者是更近些时候聘用的，对林肯也更崇敬。除了秘书和罗伯特，陪同当选总统的还有全副武装的沃德·拉蒙；埃尔默·埃尔斯沃思（Elmer Ellsworth），一个年轻的民兵兼法律书记员，林肯对他相当有好感。奥维尔·布朗宁和州长理查德·耶茨（Richards Yates）打算一路前往印第安纳波利斯。林肯的警卫是几位军官，他们在未来的战争中将大有用武之地——大卫·亨特（David Hunter）少校、埃德温·萨姆纳（Edwin Sumner）上校、约翰·波普（John Pope）上尉。

在印第安纳波利斯，林肯发表了措辞坚定的演讲，问道："如果合众国不过是要保有和收回自己的要塞与其他财产，对进口货物征收关税，乃至扣留在寄出地即常属违禁的邮件——任何或所有这些行为会构成'侵害'

或'胁迫'吗?"这是由于在南部,一些要塞已被反叛者占领,邮局、国库和海关也被脱离联邦州接管。然而,他仍然认为脱离联邦只会是一时的愚蠢行为,只是一种叛逆的姿态。

离开印第安纳波利斯后,林肯途经哥伦布,然后到了辛辛那提,向那里的德裔美国人发表演讲。人们注意到他如何"随意自在地脱下大衣",他的边远地区做派引起了许多善意的议论。然而林肯并不自在。中途停留时,在旅馆房间里,林肯因为就职演说的草稿一时放错地方,冲罗伯特发了脾气。他在斯普林菲尔德就开始起草这份讲稿,一直没停,认为它的调子理智、平和,也许可以拯救联邦。车行至纽约州北部,林肯得知杰斐逊·戴维斯已宣誓就任南部邦联总统。这个消息,在为南部邦联增加稳定性的同时,使林肯大为震撼,以至在奥尔巴尼(Albany)的州议会向听众道歉,因为嗓音和体力都不足以让他做更长时间的演讲。在纽约市,乘双马四轮大马车去阿斯特酒店时,林肯望见一些写给他看的横幅:"欢迎亚伯拉罕·林肯"、"我们请求妥协"。沃尔特·惠特曼(Walt Whitman),坐在因交通堵塞难以前进的公共汽车里,看到当选总统穿过默不做声的人群,不由猜测,"许多刺客的刀枪，就藏在裤兜里或上衣口袋中"。在市政厅，民主党人市长费尔南多·伍德（Fernando Wood）致欢迎辞，呼吁"各州之间的兄弟关系"。林肯在致答词时，感谢纽约人的友善接待，也承认他们"大多数人与我意见不同"。

一份怀有敌意的报纸奚落他"就职"一词的发音，以及在歌剧院里把两只大手搭在包厢的边缘上，还戴着黑色的羔皮手套。不管怎样，他会见了该市的许多金融领袖，并给他们留下了关键性的印象。

前往华盛顿途经新泽西，林肯在集会上和参议院中演讲。抵达费城，林肯在那里约见一些人，会见了艾伦·平克顿（Alan Pinkerton）。平克顿生于苏格兰，是为费城–威明顿–巴尔的摩铁路公司效力的密探（后来创建了以其姓作为名称的侦探社）。平克顿告诉林肯，手下的侦探发现有人阴谋在巴尔的摩杀害他（到华盛顿的旅客在那里换乘火车）。巴尔的摩是边界蓄奴州马里兰的主要城市，充满了亲南部情绪。平克顿建议林肯，应比原计划提前路过巴尔的摩，但林肯不肯放弃次日在费城和哈里斯堡（Harrisburg）的一些约见。与此同时，温菲尔德·斯科特（Winfield Scott）将军也从华盛顿报告，部下的特工发现了在巴尔的摩谋杀当选总统的阴谋,林肯必须不惜一切代价避开该地。

林肯原计划在哈里斯堡之行结束后,一早起程,前往费城、巴尔的摩和华盛顿;然而,他改变计划推迟到晚上乘铁路专车离开。为防备有人看到,在专车驶出哈里斯堡车站时还切断了电报线路。在费城,林肯化了装,由一辆马车载着他去换乘巴尔的摩线的火车。到了车站,他被领上卧铺车厢,一直坐到巴尔的摩,在那里另一辆机车接过他的车厢开到华盛顿。林肯头戴"褐色科萨思帽子",身着大衣(并由全副武装的拉蒙陪同),于早晨六点半抵达国家首都。与他各走各的玛丽将乘铁路专车在适当时候到来。她和儿子们最后都安全到达,尽管专车曾在巴尔的摩被拦住,拦车的亲南部暴徒还叫骂着"黑猿"。

有传言说,林肯是乔装成高地人甚至女人,悄悄进入华盛顿的。由于潜入华盛顿而饱受嘲笑,他发誓永远不再听从要他偷偷摸摸行动的劝说。但即便身处此地,这个国家的心脏地区,他也并不安全,因为城市与弗吉尼亚隔河相望,每天都生活在对南部进犯的恐惧(有时甚至是期待)中。

林肯首先住进威拉德酒店,白宫附近著名的豪华宾馆。即使天色尚早,这座城市看起来也比他记忆中的更兴旺忙乱。一切都显得更欠完整。国会大厦建筑的屋梁搭在其圆顶框架上,犹如在为明显未曾完工而道歉。威拉德酒店近旁的财政部大楼同样尚未建成。而白色的华盛顿纪念碑,宛如共和国本身,是矗立于远方的一件半成品。

在拟议中的内阁里,角力已经展开了。当蒙哥马利·布莱尔(Montgomery Blair)获任邮政总署署长时,西沃德提出辞职。对于老弗朗西斯·布莱尔(Frank Blair),密苏里势力强大的布莱尔家族的首领,西沃德早就耿耿于怀。共和党大会所伤害的自我也尚未复原。与此同时,在其多灾多难的任期最后的日子里,詹姆斯·布坎南拒绝向南卡罗来纳州军队交出萨姆特要塞。

玛丽如同遭遇了下马威。许多弗吉尼亚东部贵族仍在华盛顿市内(弗吉尼亚尚未脱离联邦),他们不了解肯塔基-伊利诺伊阶层体系,把她和她丈夫混为一谈,视为乡巴佬。对于傲慢的弗吉尼亚人,亮出肯塔基的托德这个姓氏没有意义。

林肯倒是毫不在意。他早就习惯于被人轻视了，除了在演说时。为了3月4号就职典礼之日必须发表的讲话，他花了极大的心思。这天是个典型的晚冬日子，严寒刺骨，阴云密布。斯科特将军特别下令，沿宾夕法尼亚大街一线，在国会大厦周围都部署了部队，以保障前来就任的总统的生命安全，这在美国历史上还是第一次。在国会大厦东门廊近旁，一座高台已经搭好，有栅栏将举行就职仪式的人与公众隔离，这在历史上也是第一次。总统仅仅是第一公民——这种以往共和政体下的虔诚信念已处于刺客子弹的威胁之下，而这一威胁将永远不会离开美国的政治舞台。

对于玛丽·托德·林肯，这个日子首先印证了嫁给亚伯拉罕的决定之英明。任何安全上的考虑都不能让她与他分开，她容光焕发，目睹林肯由大法官坦尼监誓就职，然后发表就职演说。面临脱离联邦的狂潮，新总统的演说充满了安抚，至少对于任何相信联邦的根本原则是限制，而非扩展奴隶制的人来说，已尽可能地表现出了和解的诚意。"南部各州人民似乎心存疑虑，以为一个共和党政府执政，会危及他们的财产、和平与人身安全。这样的疑虑，从来没有任何合理的根据。"林肯引用了自己以前的演讲,"我无意直接或间接干预蓄奴州的制度,我认为我没有这样做的合法权利。"

他引用宪法保证,在一个州身为奴隶的人,无法通过逃入另一个州取得自由。"国会所有成员宣誓支持整个宪法——对这一条跟对其他任何条款都一样。"他承认,与历任总统不同,他进入宪法规定的短短四年任期"伴随着巨大而特别的困难"。他论述道,一个州要想打破合众国的条约,需要所有的州来依法废除它。"因此,我认为,鉴于宪法和法律,联邦是不容分裂的;按照宪法本身对我的明确指令,我将尽我所能,确保联邦法律在各州都得以忠实执行。"邮件"除非拒收",将继续送达联邦各地。他对脱离联邦的行动采取"如此绝望的一步"提出了警告。"即便少数不默认事实",无论如何,"多数必须默认,否则政府必然不存"。因为,假如任何一州都可以随心所欲地脱离联邦,又如何防止拟议中的南部邦联里的少数反叛州进一步脱离?南部邦联本身就会反对这样的脱离,正像联邦现在反对脱离一样。事实上:

> 从物理上讲,我们是分不开的。我们既不能把各自居住的地域挪走,也无法在中间筑起

不可逾越的高墙。夫妻可以离异，然后分道扬镳，老死不相往来，我们国家的各个部分却不能这样做。它们只能待在一起。而且彼此间的交流，和睦的也好，不睦的也罢，都必须继续。

他同时认定，更改宪法及其对奴隶财产的保证，唯一途径是服从人民的意愿：

> 我的心怀不满的同胞们，在你们的手里，而非在我的手里，掌握着对内战这一重大问题的决定权。政府不会攻击你们。只要你们自己不做挑衅者，就不会有冲突。你们不曾向上帝发誓摧毁政府，我却要发出最为庄严的誓言"保持、维护和捍卫"它。

第十章

那天晚上,在市政厅后面一个临时场所举行了就职典礼舞会。在托德家众姐妹和一干同辈亲戚的簇拥下,身着蓝色波纹绸盛装的玛丽成为舞会上的女王。她与斯蒂芬·道格拉斯翩然起舞。

林肯知道,萨姆特要塞中罗伯特·安德森少校的部队需要补给,否则将面临投降。所以,他不得不提前退场去着手处理这个大问题,新的国内冲突的头一道难题。第二天凌晨时分,在白宫里林肯办公的"工作室"中,国家前任元首们用过的橡木桌前,年事已高、脾气暴躁的温菲尔德·斯科特将军向总统提出,若强行展开对萨姆特要塞的救援,得动用手中现役部队三分之一的兵力。林肯必须听取阁员和高级军官的意见。

西沃德倾向于退让,同意撤出要塞。蒙哥马利·布莱尔建议林肯顶住,而海军部部长吉迪恩·韦尔斯已经说明,虽然萨姆特的处境困难,在佛罗里达同样面临危局的皮肯斯要塞(Fort Pickens)还是可以增援并守住的。众人意见不一,而萨姆特困局依旧。以萨姆纳参议员为首的激进共和党人惯于添乱,萨姆纳指责林肯来自辉格党"老旧"派,行事优柔寡断。

战争一触即发,林肯为形势所迫,决定不采取行动,直到萨姆特的给养耗尽,而非由他自己来引发一场内战。于是,他把精力用于外交任命,以及接待谋职者,他们越来越多地找上门来。他觉得自己"像个房主,在房子另一边失火时把这边租出去"。

在一份备忘录里,西沃德会责备林肯,总统当了快一个月,而政府"全无政策,国外国内都一样"。这话真也没错,只是忽略了一个事实:政府面临的形势一直在变化。林肯已经拒绝了斯科特将军的提议,即作为让步,林肯应当放弃萨姆特。"恪守其职责固有的信念,依照其就职时宣布的政策,他不能下令撤出萨姆特。"与西沃德的抱怨约略同时,林肯就萨姆特事件对内阁下了决定性指令。他要向查尔斯顿港派出一支提供给养和增援的船队,以解要塞之急,而如果叛军开火,如何应对将取决于各船指挥员,而非政府。海军部部长韦尔斯赞成这个策略,可是西沃德自作主张,将补给船只与军用船只做了区分,从而引起混乱。西沃德这么做的动机在于,为阻止南卡罗来纳人进攻萨姆特,他已单方面向他们承诺,萨姆特守军将撤离。做这种承诺并不在他的权限之内,但考虑到他是一个如此著名的共和党人,南卡罗来纳人愿意相信,西沃德的承诺就相当于那个西部乡巴佬林肯的承诺。结果,西沃德使事态变得扑朔迷离,而当林肯另有行动时,南卡罗来纳人有理由觉得受到了误导。

4月6日,林肯致电南卡罗来纳州州长,告知补给船队正在驶近萨姆特。他保证它们不会向岸上的任何设施开火。4月12日,再度补给的船只还在查尔斯顿港外时,矮棕榈州①的炮兵,向萨姆特开了火。13日,"矮棕榈"们允许安德森及其部下乘联邦船只撤离。

朝萨姆特要塞的联邦旗帜开火,这一事件不仅引得共和党群情激愤,也激怒了许多民主党人——这个群体后来被称为联邦民主党人,身体每况愈下的道格拉斯也成了其中的一员。

查尔斯顿港事件使林肯摆脱了初为总统的游移状态。奥维尔·布朗宁记得林肯曾告诉他,"在他就任总统与萨姆特陷落之间困难迭出,他生活上的种种烦恼和焦虑,跟那些困难无法相比"。4月15日,林肯征召七万五千名州民兵——他依靠各州提供兵员——并召集国会紧急会议。两天之后,弗吉尼亚州脱离联邦。支持南部邦联的弗吉尼亚民兵占领了哈珀斯费里军火库,威逼华盛顿。

---

① 矮棕榈州,南卡罗来纳州的别名。

4月19日,林肯发布封锁公告,宣布不仅是悬挂南部邦联旗帜的船只,所有将货物运入南部港口的船只都在抓捕之列。虽然美国海军只有四十二艘舰船,吉迪恩·韦尔斯的封锁体系还是运作起来。然而在军队方面,林肯遇到了麻烦,即跟联邦多数官僚机构一样,军队一直深受南部影响。第二骑兵队的罗伯特·李(Robert E. Lee),虽经布莱尔家族、斯科特将军,间接地还有林肯多方争取,到底还是投靠了南部。连玛丽·托德·林肯自己的妹夫本杰明·赫尔姆(Benjamin Helm)——他娶了玛丽的同父异母妹妹埃米莉,是个经验丰富的军官——也去了南部。炮兵上校约翰·马格鲁德(John Magruder),4月18日拜访白宫时向林肯保证效忠,可是三天后仍然离开了,去为南部邦联服务。这一点是可以预料的——在南部的多数地区,对本州的忠诚超越了对联邦的忠诚。

这边是威利和塔德在白宫东奔西窜,玛丽开始跟亲南部的苏格兰园丁领班约翰·瓦特(John Watt)讨论花园和糟糕的景观,那边是林肯苦等军队驰援,以拱卫城防大开的首都。在白宫里,林肯的秘书约翰·尼古拉,将望远镜对准亚历山德里亚(Alexandria)的房屋。那里与华盛顿仅隔一条波托马克河,是实际上的郊区。他望得见飘扬的南部邦联旗帜。当总统的第一支援军,第六马萨诸塞团,在巴尔的摩下火车时,部队遭到脱离派民众袭击,一些蓝衣兵①被暴徒杀害。巴尔的摩派代表到白宫,要求别指定援军穿过他们的城市。但林肯提醒他们:"我要是批准迁就你们,你们明天还会跑回来,又要求每一支援军都别绕道。"话虽这样说,林肯确实开始考虑另取他途,以备不测。毕竟,亲南部的马里兰民兵已经断开巴尔的摩外围的大段防线。首都被夹在两个州之间,一个是已经脱离联邦的弗吉尼亚,另一个是随时可能脱离的马里兰。

政府开始拿出大笔金钱,以资助私人承包船只向首都运送部队和军火。可是到了4月末,林肯在白宫向第六马萨诸塞团讲话时还说:"你们是北部唯一实实在在的军队。"第二天,第七纽约团到达。随后,抵达的其他州各团如此之多,以至无法开到白宫草坪上奏起军乐。埃尔默·埃尔斯沃思,原为林肯事务所的法律书记员,与林肯的关系本已非常密切,现在带着自己的轻步兵部下出现在白宫——他们几位的穿着一如派驻阿尔及利亚的

---

① 蓝衣兵,指南北战争中的联邦军人,身着蓝色军装。南部邦联军人着灰色军装,亦有"灰衣兵"之称。

法国步兵。埃尔斯沃思带流苏的红帽子、红衬衫、灯笼裤、佩剑、鲍伊刀和左轮枪，都是威利和塔德极为喜欢之物。这个决心保卫首都的斯普林菲尔德小子的突然出现，大大鼓舞了林肯一家的士气。他在东厅操练滑膛枪想博众人一笑，不小心打破了窗玻璃，使林肯的秘书和孩子们乐不可支。

人们对林肯的观望政策仍会小声议论，但没人能够否认他投入的时间，每天始于从白宫西侧的第一家庭住处走出，穿过中央大厅乱哄哄的来访者，进入他在白宫东侧的办公室。尼古拉已经安排妥当：他自己的办公室、一间写作室、一间接待室，还有一个门厅，围着林肯办公室和内阁室，护得严严实实。约翰·海抱怨说，他和尼古拉以及其他人，力图"树起屏障，以使总统免于持续不断的干扰，可是总统本人总是第一个冲破它们的人"。

在南部，为了鼓舞士气和征召兵员，杰斐逊·戴维斯正在逐个访问南部邦联各州。林肯却根本找不到时间离开办公桌；即便他没在办公桌旁，也并没离开白宫草坪对面的军事部电报局。尽管如此，人们还是为能轻易得到总统提供的接近机会而惊奇。他甚至召开一场又一场见面会，以便公众前来表达他们的关注。林肯称这些接待活动为他的"舆论浴"。可是事情并不只限于供他体察舆论。他四周仍然围满了谋职的人。赞助者最看好的肥缺,牵涉到美国海关的四千个管理职位。例如纽约港收税员的职位,可带来六千美元的年薪,此外还可能通过佣金乃至贿赂款,每年再多赚两万五千美元。就连那些为亚伯拉罕·林肯选票贡献最小的人,此时都在这片土地上寻求回报。林肯对一个友人说,他有时觉得能躲开求职者的唯一方式,是拿根绳子,把自己吊死在南草坪的树上。或者换个办法,他还对一个秘书说,可以把办公室搬进天花医院。

那年春天,林肯违背自己最为尊奉的原则,暂停人身保护令并限制新闻自由,从而使北部民主派大为反感。华盛顿本身藏有相当数量的间谍和许多同情南部的人。林肯想要创造条件,便于军队逮捕破坏者,比如烧毁萨斯奎哈纳河桥的那些人,使之接受军事裁判。然而,比烧毁桥梁、破坏铁路致使联邦军队无法调动更加危险的,是马里兰州议会在安纳波利斯(Annapolis)举行特别会议,考虑脱离联邦一事。马萨诸塞州的本杰明·巴特勒(Benjamin Butler)将军将安纳波利斯置于军事管制之下。而马里兰州议会,看到脱离联邦将意味着州内各个城市的街道上立即发生战斗,尤其是在巴尔的摩,便投票反对加入南部邦联。林肯向马里兰州州长托马斯·希克斯(Thomas Hicks)和巴尔的摩市长放出狠话道,他们要是不能为联邦军队穿越巴尔的摩提供安全通道,他就饶不了他们。

联邦派的迅速行动也拯救了密苏里州,行动者包括年纪轻轻就英勇牺牲的纳撒尼尔·莱昂(Nathaniel Lyon)将军,他拒绝放弃圣路易斯的联邦军火库。

至于肯塔基这个至关重要的边界州,它如果"不对合众国示强",林肯承诺,"国家也不会动它"。林肯强调,他对边界州的奴隶没有设想——他对他们的确没有宪法规定的权力,也没有来自人民的授权。他知道,如果肯塔基州脱离,南部邦联就会直逼伊利诺伊州南界,战略要地开罗也很可能倒向南部邦联,密西西比河在那里汇入俄亥俄河。据说林肯讲过,他希望上帝站在他这一方,但自己的阵营里必须要有肯塔基。肯塔基最终宣布中立,林肯对此也公开表示尊重,尽管联邦官员还是到该州去招募忠于北部的民兵,而他对这一事实视若无睹。9月,南部邦联军从田纳西方向袭击肯塔基,占领了坎伯兰山口。肯塔基于是结束中立,并立即号召四万名志愿者加入联邦军队。

突如其来的消息让林肯震惊,他失去了年轻的埃尔默·埃尔斯沃思。时任上校的埃尔默率领着一个团越过波托马克河,直抵亚历山德里亚并占领该镇,把一面南部邦联的旗帜从马歇尔客栈的屋顶扯了下来,这时遭客栈主人枪击致死。"他的指挥能力出类拔萃",悲痛的林肯在给埃尔斯沃思父母的信中说。玛丽和林肯到华盛顿海军工厂瞻仰遗体时,有人把那面血迹斑斑的南部邦联旗拿给玛丽看,埃尔斯沃思正是为它付出了生命的代价。与此同时,联邦军队占据了华盛顿周边的要塞,打算不仅要保卫首都,还要攻入弗吉尼亚腹地,斯蒂芬·道格拉斯在芝加哥病倒而去世,享年四十七岁。他曾庄严地承诺北部民主党人必定会支持林肯和联邦。可是现在他不在了,这个阵营的支持还会继续吗?

林肯已经心生疑虑,而现实还在带来更多的困惑,他和内阁发现自身陷入了前所未有的窘境。办事机构过小。在那年春末夏初的华盛顿,军事部无法全面接收或登记抵达的各路人马。而那些雄心勃勃、豪气干云的指挥官会登门晋见,林肯不得不让卡梅伦出面,予他们及其部下以委任。许多人缠着他索要兵权,包括他昔日的决斗对手，爱尔兰人希尔兹将军。巴特勒将军驻扎于弗吉尼亚海岸的门罗要塞（Fort Monroe）。当他拒绝将逃亡奴隶归还给弗吉尼亚的奴隶主时，林肯虽然平日总是说，这是一场拯救联邦而非解放奴隶的战争，此时却支持巴特勒，说《逃亡奴隶法》不适用于那些要背叛合众国的人。这等于用行政决定来解放奴隶。林肯的话在南部邦联中产生了深刻的影响，激怒南部白人的同时，又促使年轻的奴隶靠近联邦阵营。

在出行尚非绝对安全的时候，甚至在埃尔斯沃思牺牲之前，玛丽就开始去纽约为破败的白宫采购新布料和装饰品了。纽约最了不起的商人亚历山大·斯图尔特（Alexander Stewart）为她设宴，玛丽仅在一天里就向他订购了两千美元的地毯和窗帘。在作为白宫女主人期间，玛丽有十一次这样的购物旅行。为了帮助节制她的开支，一个年轻人威廉·伍德（William S. Wood）被委任为公共建筑代理专员，奉命陪着她采购。（1861年6月，比其他事更令林肯痛心的是，他收到一封匿名信，信中提及玛丽与伍德的关系，暗示了其中的暧昧。由于总是对林肯心怀嫉妒，玛丽至少还有能力展现自己的风情。）

不管怎样，发现白宫处于不堪境地的，并非只有玛丽。一个秘书认为它看起来犹如"一家老旧而经营不善的旅馆"。另一个写道,"虽然有着壁画装饰和亮闪闪的吊灯,东厅显得过气,凌乱。画和家具需要更换,不过厅中其他的一切也都需要,从里到外"。大餐厅的瓷餐具,超过十个人就餐就会不够用,而如果说林肯有比这更优先的事情要伤脑筋,玛丽并没有。

对林肯政治上的无所作为抱怨一通之后,西沃德强化了自认对英强硬的外交政策,并加以威胁,倘若女王政府继续接待南部邦联的特派员们,他将不惜一战。为缓和西沃德的一时意气,林肯把英俊时髦的马萨诸塞州参议员查尔斯·萨姆纳拉了进来,作为自己的外交政策顾问。萨姆纳穿格子裤,衣着入时,但思维缜密,是位英国政治专家,从而抵消了西沃德恫吓英国的嗜好。林肯成了萨姆纳和西沃德两人的亲密朋友。身材瘦削、鹰钩鼻子的西沃德国务卿曾如此渴望获得共和党的总统候选人提名,不过看来也优雅地接受了失败。他家在拉斐特广场转角,紧邻总统家的西门,这有益于林肯与他的关系。西沃德会与林肯一同出去散步,分享见闻,一起开怀大笑。两人的志同道合,不仅在于维护联邦,还在于西沃德也有个难对付的妻子,她性情抑郁,是他没办法猜得透的。

每天的固定日程是，先用几个小时处理信件，随后在早上十点，林肯会让接待室的门敞开，接待承包商们。将军们来向他说明，手下的民兵部队应由军事部委任从而进入序列；母亲们来告诉他，儿子尚未成年或身体不好，应当让其退役；军官的妻子则向他卖弄风情，以求对丈夫的升迁有所帮助。林肯虽是个忠实的丈夫，但也难免遇到风骚漂亮的女子，玛丽对此既敏感又怨恨。星期二和星期四中午总是既定的内阁会议时间，然而林肯并不一定出席。当政策问题面临决断时，他往往会找相应的内阁成员进行磋商。

他对武器装备很是着迷，曾带约翰·海到波托马克河上去观看重型的达尔格伦炮试射。他会到白宫南草坪外的宝库公园去试用新制造的后膛装填步枪，那里为他留出了一个靶场。

每天下午四点，他通常会乘马车出门四处转转，往往带着玛丽，她不在或生病的时候，他就拉上西沃德或别的老辉格党人。他有时会到华盛顿周边的要塞去，或者再往远处，进入弗吉尼亚北部，跟正在做晚饭的军人们聊一聊。晚上如果不出门或无须主持国宴,他就埋头工作,全然不顾华盛顿新铺设的下水道系统反上来的异味。异味来自沼泽似的运河和波托马克河滨,约翰·海说,这种恶臭之可怕,简直能赛过"两万只淹死的猫"。

夏天,林肯一家喜欢住在退伍士兵之家。这里位于华盛顿西北部,高地势避开了城内低处积聚的暑热,也避开了来自波托马克河与华盛顿运河的瘴气,林肯则乘马车往返。

第十一章

现在，联邦军队承受着日益增长的压力，需要马上出征，与皮埃尔·博雷加德（Pierre G. Beauregard）将军率领的邦联军一决高下。霍勒斯·格里利任编辑的《纽约论坛报》上，大字标题赫然写道："向里士满进军！"一连七天都是如此，仿佛在下动员令。人们，甚至华盛顿的人们，都强烈地相信，战争不会超过九十天——这是应征联邦志愿兵的服役期限，而退役日期的临近，又成了呼吁开战的进一步因素。

1861年7月要算林肯第一次体会到将军们的迟缓拖延，这次是欧文·麦克道尔（Irvin McDowell）将军。麦克道尔辩解道，他的部队缺乏经验。"你的是新兵，这个不假，"林肯说，"然而他们也是新兵，你们一样都是新兵。"联邦的将军们需要习惯于总统如此这般的敦促。

借助华盛顿城内的间谍包括罗丝·格林豪（Rose Greenhow）夫人所提供的情报，博雷加德掌握着麦克道尔的行动和意图。罗丝·格林豪夫人是同情南部的华盛顿社交名媛，她的情报格外有价值。在弗吉尼亚的火车站马纳萨斯（Manassas）枢纽站附近，南北两军沿布尔溪（Bull Run）两岸展开，隔着溪流对峙。对岸是南部邦联新组建的几个旅，它们近日由谢南多厄河谷乘火车到达，集结为叛军。两支新成立的军队之间即将爆发的战斗,实际上是对控制权的争夺,争的不仅是地域,还有铁路终端这一重要运输手段。而关于铁路,总统本人当律师时就积累了丰富的专业知识。7月21日,乘马车出城前来观战的市民,目睹联邦军队前行,越过布尔溪,发起相当猛烈的冲击。然而,攻击的结果实在是一团糟。在亨利豪斯高地(Henry House)周围的田野里,邦联军建立了炮兵阵地。一切以为战事会很快结束且几乎不流血的幻想,都在联邦军领受的轰击中灰飞烟灭。联邦部队起初进攻时就很松散的团队凝聚力,在撤退并逃向森特维尔(Centreville)与华盛顿时几乎完全消失。林肯大为震惊。早晨,在首都的街道上,士气遭到重创、乱哄哄的散兵游勇四处转悠,无所事事,全然失却了方向。

埃德温·斯坦顿是位律师,曾与林肯一起处理一件农业机械专利案,将于这一年年末出任军事部部长。他写道:"现在看来,华盛顿的陷落不可避免——整个周一和周二期间,占领它不会遇到任何抵抗。败绩,崩溃,全军斗志丧尽,完全无法收拾。"

开战当晚,林肯一直守在总统公园旁草地对面的军事部,接收灾难频传的电报。午夜过后,他才朝白宫走去,打算回家。先前观战的参议员扎卡赖亚·钱德勒(Zachariah Chandler)和本杰明·韦德(Benjamin Wade)——他们曾拔出左轮枪,力图阻止士兵逃离——此刻来到林肯住地,向他报告士兵种种令人愤慨的怯懦。随后,斯科特将军于两点钟亲自来到白宫坚持劝说,为了玛丽·林肯母子自身的安全,他们得立刻离开这个城市。值得赞许的是,玛丽拒绝了。林肯宣布设立全国斋戒日——"本国全体人民感受屈辱、进行祈祷和开展禁食的一天"——以引发神对联邦军队前所未有的仁爱。

受战败影响,报纸呼吁起用年富力强、才华横溢的西点军校毕业生、铁路总经理乔治·麦克莱伦(George B. McClellan)。他比林肯小十七岁,曾构想让中段固守俄亥俄河防线,右翼插入弗吉尼亚进逼里士满,左翼夺取纳什维尔。这个计划的设计,连同用海军从经济上打压南部,使他官升少将,当上了俄亥俄军区司令。然而,处于这个位置,作为虔诚的民主党人的麦克莱伦保证遣返奴隶,甚至包括主人为脱离派分子的奴隶,且不惜为此动用部队,这超出了林肯所愿。不过,麦克莱伦所部将小股邦联军逐出弗吉尼亚西部的成功,有利于保住西弗吉尼亚——这个联邦迫切需要的脱离州。布尔溪战败之后总统和军事部求贤若渴,将他召往华盛顿,以接手波托马克军区。

麦克莱伦有着强悍的自我。从总统试探性的态度中,他看出了对自己非凡才能的应有尊重。布尔溪之战一周后,他对林肯的态度,明显十分轻慢,此后他会越来越不屑于费力隐藏。"他这种人不太常见吧?"在总统离开会议时,麦克莱伦会马上问某个将军同僚。

麦克莱伦富有组织才能,而且雄心勃勃。在布尔溪之战次日,林肯签署一项法案,授权招募五十万服役期三年的志愿兵。然后麦克莱伦要如大脑一般运筹,对士兵加以组织、武装和鼓舞。他在首都周围建立强大的工事体系,将一群群爱国志愿者纳入系统,组成一个个崭新的、训练有素的旅和师,并以善于提振士气而得到部队的拥戴。他不愿受老迈的斯科特将军掣肘,最终会设法使之辞职,为自己扫清道路,很快升任为总司令。麦克莱伦的能力如此出众,似乎整个联邦都倚仗着他,这使他以救世主自诩——至少有一位历史学家是这么认为的。

在政治上,麦克莱伦对奴隶制持软弱态度。他与总统一致相信这场战争针对的是奴隶主阶级,而非南部民众,也跟林肯有着同样错觉,以为南部民众中,实际上联邦派占多数,只是在南部贵族裹挟下脱离了联邦。一旦联邦军力占上风,这些联邦派民众就会起而反对奴隶主。麦克莱伦高兴地得知,林肯也认为自己打的不是废奴战争,而是在为拯救联邦而战。

一举便组建起了大军,麦克莱伦思量着是不是把它拉上前线,对抗弗吉尼亚北部的邦联军。他担心博雷加德将军拥有惊人的实力,陈兵四十五万于波托马克河彼岸,正等着在他渡河之际扑上前来。然而,在9月底,当麦克莱伦真的发兵渡河时,联邦军看到的只是些"贵格炮"①,一些"木制模型"。号称小拿破仑的麦克莱伦大为尴尬,咬牙冒险,派出一支小部队越过了华盛顿北边的河。

这次出击前夕,玛丽和林肯在白宫草坪上接待了林肯当年在伊利诺伊的一个朋友兼对手,他们夫妇曾以他的名字作为次子埃迪之名。爱德华·贝克,现为上校,麾下是一个新组建的旅。面对即将爆发的战斗,贝克跃跃欲试。第二天,在波托马克河上游利斯堡(Leesburg)

---

① 贵格炮,用于虚张声势,迷惑敌人的木制假炮。

附近，贝克旅对驻守在林木茂盛的鲍尔斯布拉夫（Ball's Bluff）岭上的邦联军发起攻击。联邦军死伤一千七百人，贝克阵亡。就这样，在联邦于波托马克河彼岸的行动中，林肯已有两位挚友牺牲。鲍尔斯布拉夫之战肯定影响到了麦克莱伦，当年秋季他一直按兵不动。

11月5日升任总司令使麦克莱伦愈发傲慢。"我无所不能"是他笔下的名言。他甚至更加蔑视林肯，称其为"长颈鹿"。"他不是个性很强的人，"麦克莱伦这样写到林肯，"他谈不上优雅高贵——当然也绝非绅士——他的兴致很容易被言谈特别对路的粗人引发。"麦克莱伦非常讨厌总统说话时打比方。

一天晚上，林肯和朋友国务卿西沃德，以及秘书约翰·海，在麦克莱伦将军租住的房子里等他。将军出席一个婚礼后归来，由侧门进入家中，被告知有贵宾在等候。麦克莱伦却倒头睡下，一任来宾在客厅空等。回去的路上，约翰·海对总统说，这是"无比的放肆"。然而林肯劝他，在眼下的时刻，对于礼节或个人尊严，最好还是不要在意。话虽这么说，但他不再屈尊俯就麦克莱伦。从那以后，除非是在战场上，否则见面时林肯会把这位将军召到白宫。

麦克莱伦声称，敌军的人数在持续超过己方。当总统和内阁其他成员开始怀疑此种说法时，可以想见他的狂怒。总统研读了各种战略论著，提出自己的计划——奥科宽计划（Occoquan Plan）。奥科宽位于弗吉尼亚北部，是个具有战略地位的小镇。计划涉及分两路攻击南部腹地。林肯极力主张："要同时成功地防御两个点会非常困难。"然而，麦克莱伦却说他自己的新计划几近就绪。麦克莱伦在东线拖延时日，西线则站出来另一位将军唐卡洛斯·比尔（Don Carlos Buell）对军事部说，他无法进军田纳西东部（据消息那里亲联邦的山地居民会群起反抗南部邦联）。比尔说，铁路无力胜任其部队的运输。于是，一年就这么接近结束了。

然而 12 月还是过得非常艰难。玛丽以白宫三个客厅中的蓝厅作为沙龙，为自己拉起了一个小圈子，成员为几个时髦活跃的男人，玛丽称他们是"蓝厅的尊贵朋友"。其中有新泽西州州长纽厄尔、海军部部长助理福克斯，还有一个被称为威科夫骑士的著名人物。这位亨利·威科夫（Henry Wikoff）不仅曾为英国效力，还是欧洲所有政要的朋友——从奥地利的克莱门斯·冯梅特涅（Klemens von Metternich)、英国首相帕默斯顿（Palmerston）勋爵到意大利统一运动领导人卡米洛·迪卡沃（Camillo di Cavour）。在意大利蹲监狱时，他还曾下功夫诱拐一个千金小姐，并将这段经历写成书而轰动一时。威科夫的身上有着更出众而优雅的魅力，是在伊利诺伊州斯普林菲尔德或华盛顿特区难以见到的。他还有能力说服报纸——尤其是当时畅销的《纽约先驱报》——发表文章赞美林肯夫人的社交艺术、风度与魅力。

12月里，尚未公布的总统国会演讲文本出现在《纽约先驱报》上。国会怀疑——亚伯拉罕必定也已想到——这是威科夫不知如何从玛丽·林肯那里弄到的。有人不喜欢玛丽对白宫的大肆翻新、她对欧仁妮皇后①式长裙的喜爱，以及她对林肯的可能影响，所以此事给这些人提供了报复的极好机会。众议院司法委员会传唤威科夫，指望他会证实，演讲文本是玛丽·托德·林肯泄露的。

玛丽的不检点程度，足以造成轰动全国的破坏性丑闻。例如，她曾与白宫园丁领班瓦特勾结，在工钱和照

---

① 欧仁妮皇后，拿破仑三世之妻。

管幼儿费用中虚报买书花销;还编造一笔根本子虚乌有的一千美元种子购买费,并与其分赃。林肯一个秘书注意到,她仍旧摆脱不了惊人的极度冲动。她先是在家具和衣饰上大手大脚地花钱,随后会恐慌地突然节俭起来,然后她又试图出售白宫马厩的粪肥,以缓解总统任期结束后要面临的贫困。如今,威科夫要是认定了他交给《先驱报》的演讲文本来源,这一切都有可能被司法委员会披露给公众。

蓝厅沙龙的另一名成员丹·西克尔斯(Dan Sickles)将军,是一个极其精明圆滑的纽约民主党人。他曾于林肯当选前一年,在白宫外枪杀了妻子的情人而获判无罪。这时西克尔斯离开他驻守于波托马克河边的部队,来到城里为威科夫辩护。他巧妙地把泄露文件的罪名转嫁给园丁领班,并威胁瓦特,若不承担演讲文本失窃的责任,就会被指控侵吞公款。瓦特照他说的做了,林肯和玛丽因此免于极大的难堪。玛丽得以继续重新装修白宫,仍然热切而精心。她的裁缝莉齐·凯克利(Lizzie Keckley),一个解放的奴隶,则用最好的布料为她缝制冬装。

在国际层面,1861年12月同样充满危机。美国海军一名过于敬业的指挥官在公海拦截英国轮船"特伦特"

号(Trent),带走了前往伦敦途中的两名南部邦联特派员。英国被这一蛮横行为激怒,向加拿大派遣了数千名士兵,以备向美国开战之需。一时间,仿佛联邦要在两条战线上作战——既打南部邦联又打英国人——这似乎使一些敌视英国的人如海军部部长韦尔斯和国务卿西沃德感到欣喜,联邦军队中的爱尔兰人好像也为此前景而兴奋起来。林肯则急于想摆脱这一事件。然而,林肯倘若轻易向帕默斯顿勋爵让步,选民也不会谅解他。圣诞日,林肯在白宫召集内阁特别会议。麦克莱伦忠告道,联邦不可能同时战胜反叛者和英国人。考虑到这一点,联邦政府勉强同意释放被视为反叛者的特派员——詹姆斯·梅森(James Mason)和约翰·斯莱德尔(John Slidell),让他们继续他们的旅程。

新年的一件好事是西蒙·卡梅伦授予军事合同的方式为人诟病,受此影响,他被说服出任驻圣彼得堡公使。林肯终于能够以埃德温·斯坦顿取代他。斯坦顿是前布坎南内阁成员,还是著名律师,曾在辛辛那提的收割机专利案中,一度不无轻蔑地对待亚伯拉罕。林肯不计前嫌的天性会得到回报,因为斯坦顿将是个忠心耿耿、才富力强的军事部部长。

圣诞节和新年过后,为了落实对叛军的大决战,林肯要推行自己的战略计划。这促使麦克莱伦终于提出自己的改进方案——分兵一部开向新奥尔良,一部攻击佐治亚州,波托马克军团则向南运动,直下切萨皮克湾(Chesapeaks Bay),进逼拉帕汉诺克(Rappahannock)河畔的厄巴纳(Urbanna)。这可以从侧面包抄马纳萨斯的邦联军,并使里士满岌岌可危。

在西部,一些将军积极出战。同为伊利诺伊人的尤利西斯·辛普森·格兰特(Ulysses Simpson Grant),是前西点军校学生、商店经理,也是个酗酒者。他在一队炮艇的支持下,率部沿田纳西河进击,攻占亨利要塞(Fort Henry)。十天后,他的部队夺得坎伯兰河畔的唐纳森要塞(Fort Donaldson)。这迫使邦联军后撤,退出肯塔基州西部和田纳西州西部。唐卡洛斯·比尔将军2月28日夺取纳什维尔,塞缪尔·柯蒂斯(Samuel R. Curtis)将军在阿肯色州击败叛军,而约翰·波普将军(曾长途护送林肯赴华盛顿就任的军官之一)占领新马德里(New Madrid)并包围密西西比河十号岛。不久之后,4月6日,格兰特将军遭到攻击。他灵活应对,在田纳西河畔的希洛(Shiloh)展开一场大战。战况惨烈,两天下来,伤亡达两万之众。结果是邦联军撤退了。叛军的对抗如此凶猛,这使格兰特认定,冲突无法轻易解决,和平唯一可靠的基础,是各脱离州的无条件投降。

1862年2月初,玛丽·林肯在白宫组织了一场盛大的聚会,作为女主人享尽风光。《华盛顿之星报》(*Washington Star*)说,聚会是"迄今此类活动中最显赫的一场"。然而在楼上,林肯夫妇之子威利还发着高烧。这场空前华会的两周之后,威利死去了——元凶可能是水质污染带来的伤寒症,该地区下水总管道曾经破裂。他一直受到玛丽宠爱,就像小塔德由于口吃和多动得到林肯的怜惜一样。对于早慧的威利,林肯除了强烈的爱别无其他。威利能背列车时刻表,还说得出芝加哥至波士顿所有的铁路站点名称。

威利之死对玛丽来说几乎无法接受。林肯开始担心她的精神状况,允许她参加降神会,但愿她能够与威利再一次沟通。一些降神师,如招摇撞骗的科尔切斯特(Colchester)勋爵,获准来到白宫。在红厅中,他们会进入精神恍惚的状态。据说,已故的联邦将军们会在这时回来给总统出谋划策。林肯耐着性子听降神师的提议和胡扯,为了玛丽的缘故而忍受他们进入白宫。这就是当时的情形,即便在内阁成员中,"招魂术"也大行其道。玛丽的裁缝莉齐·凯克利,一心相信死者的魂灵能够带着信息归来,几乎从不对玛丽加以劝阻。林肯本人很感激丹·西克尔斯将军的帮助,西克尔斯有时陪玛丽参加降神会,对她多有照顾。悲伤不已的玛丽的荒唐行为,又一次引起人们的议论。

在西部的进展使林肯等人相信,在弗吉尼亚州展开决战会赢得里士满,一举平息叛乱。然而,眼见麦克莱伦一味拖延,连林肯都开始相信,有些民主党人将军并不真正希望南部邦联遭受灭顶之灾,唯恐大获全胜会鼓励政府解放奴隶。当麦克莱伦于3月9日真的渡过波托马克河探查,再次发现数量可观的贵格炮时,国会两院联席战争指导委员会要求解除麦克莱伦的职务。林肯还不打算这么做,因为一个明确的进攻计划即将付诸实施。

不过,麦克莱伦企图由进军厄巴纳而侧面包抄邦联军的理由不复存在——邦联军已经放弃了马纳萨斯枢纽站。于是,"小拿破仑"决定把部队调到更远处,南下海岸,直抵门罗要塞。这是个很好的计划,因为门罗要塞位于里士满东南,弗吉尼亚半岛顶端,麦克莱伦计划从半岛迅速北上,进逼南部邦联的首府。可是他并没有这样做,却把兵力消耗在对约克敦(Yorktown)的围困上。

战役初期,4月底至5月初,林肯和萨蒙·蔡斯曾莅临门罗要塞,查看是什么在妨碍麦克莱伦。"我认为你此刻出击正是时候。"林肯对他说:

> 由于延迟,敌人会相对逼近你。……你理当记得,我始终坚持认为,南下切萨皮克湾寻找战场而非在马纳萨斯或其附近作战,这只是躲避而不是克服困难——我认为,在这两个地方你都会发现同样的敌人,同样或类似的战壕。……请允许我保证,无论给你写信,还是跟你谈话,我所怀的善意从未像现在这么大,支持你的决心也从未有这么强,即便我心急如焚。我可以一直如此。但是你必须采取行动。

这种敦促令麦克莱伦很是恼怒。他对妻子说:"我非常想顶回去说,他最好自己来干吧。"

5月底,奇克霍米尼(Chickahominy)河湿地边上,麦克莱伦在费尔奥克斯（Fair Oaks）打了一场大胜仗。在这里，爬到树上的侦察员已望得见里士满城中的穹顶和尖塔。可麦克莱伦就是整月按兵不动，让部下待在松林中的营地里，足以使许多人死于疟疾、伤寒和痢疾。

麦克莱伦徘徊不前之际，一位名为罗伯特·李的前联邦军上校、现邦联军将军，接过了弗吉尼亚半岛叛军的指挥权。麦克莱伦认为，跟李相比自己的兵员数量如此之少，目前的最佳选择就是保住部队。他于是下令从里士满南撤至詹姆斯河畔的哈里森斯兰丁（Harrison's Landing），在那里联邦舰船可以为部队提供保护和补给。

在向哈里森斯兰丁撤退途中，深夜里，麦克莱伦写了封信指责林肯。其惊人的无礼，连林肯都难以置信。"我深知只需增兵几千，便可能使这场战斗转败为胜——因此，政府不应也不能让我对此结果负责。如果说现在我拯救了这支部队，我要坦率地对你说，我不会感谢你，或者华盛顿其他任何人——你已经尽你所能在断送这支部队。"麦克莱伦用这种口吻，部分是因为林肯7月1日所发的一份电报。电报说，麦克莱伦将无法得到增援去"应对面临的紧急状况。……你的兵力若不足以对抗敌人，你就得找个安全的地方，待机、休息和复原"。

麦克莱伦所指责的是，林肯故意把实力保存在华盛顿周边。而事实是，总统已尽了最大努力，将华盛顿的卫戍部队减到两万六千人。面对这些指责，林肯再次表现出巨大的克制。他的忍耐可能部分是出于现实，考虑军队敬重麦克莱伦，也许会通过进军华盛顿、宣布温和独裁来拥戴麦克莱伦。尽管林肯深信——

> 假如借助魔法，他今天能够增援麦克莱伦十万人，麦克莱伦会因此大喜，向他致谢，并告诉他明天就发兵里士满；但一到明天，麦克莱伦又会拍来电报说，情报表明敌军有四十万人，故无增援即无法出战。

林肯乘汽船顺流而下，再度去见麦克莱伦，这次在哈里森斯兰丁。但此时唯一的选择——尤其考虑到麦克莱伦的心境——是撤退。因为李和斯通沃尔·杰克逊（Stonewall Jackson）在保住首府后，准备挥军北上，直扑马纳萨斯。虽然许多人希望麦克莱伦被解职，但林肯还是拿不准这么做对部队会有怎样的潜在影响。他最终向内阁作出让步,解除了麦克莱伦的全部指挥权,转而委派冷峻的亨利·哈勒克(Henry Halleck)——军队的"老牌智多星"——出任总司令。

第十二章

李长驱直入，强行军重返弗吉尼亚州北部。波普将军的弗吉尼亚军团受命阻止快速突进的叛军。麦克莱伦手中只有波托马克军团最先返回的零星部队，勉强可用来支援波普。"小拿破仑"看不上波普。波普是共和党人，还在林肯从斯普林菲尔德前往华盛顿就任总统的途中做过警卫。

叛军在马纳萨斯攻击波普。波普仗打得不好，伤亡一万六千人，致使李和杰克逊军威直逼华盛顿。1862年9月，按司法部部长贝茨的说法，波普战败后，林肯"深感忧虑……极为痛心"。由于麦克莱伦不出援手，宁愿让波普"自行解决困难"，内阁再度一致希望麦克莱伦被解职。但林肯还是不肯答应。他认为，人们很难相信，除了麦克莱伦，军队还会为别的什么人作战。在某种意义上，林肯成了这位将军的囚徒。很快，"小拿破仑"勉为其难地重新掌权指挥波托马克和弗吉尼亚两大军团。

李的邦联军队在第二次马纳萨斯战役中的胜利，为叛军首次进入北部扫清了障碍。在得知李和杰克逊的部队越过了波托马克河，处于马里兰西部一带、首都的侧面后，林肯很高兴。他视之为大好时机，麦克莱伦可以揳入敌军与其根据地之间，隔开两者，而在联邦军所选择的战场与其开战。麦克莱伦则全然感受不到这种兴奋。他率军径直向西,意在截断叛军。在马里兰州弗雷德里克(Frederick)附近一棵树下,他的两名士兵捡到两支雪茄,包雪茄的纸上是李的一道军令,这让麦克莱伦占了先机。然而,他一如既往地不太相信自己的运气,还是慢慢腾腾地开进。他在发回的战报中估计:李的部队有十二万之众。事实证明,这是真正人数的将近三倍。

这边,在斯坦顿的军事部里,亚伯拉罕频繁出入电报局。那边,沿着一条名为安提塔姆(Antietam)的小河,在华盛顿西北四十英里处、小镇夏普斯堡(Sharpsburg)外,两支大军狭路相逢。麦克莱伦下令,于9月17日凌晨发起第一次攻击。战况极其惨烈,非语言所能形容。血战在一片狭小逼仄的地域展开——在东西两处的丛林中,在康菲尔德(Cornfield),在邓克人(德国人的一个和平主义教派)朴素的小教堂周围和他们的田野里,沿着喋血路(Bloody Lane),跨过安提塔姆河上通向夏普斯堡的两座小桥。大批士兵在近战中相互厮杀。对阵的炮兵将成群的士兵轰得七零八落。到早上九点半时,已有一万两千人伤亡。下午晚些时候,这个数字攀升至约两万三千人。

黄昏时分，虽然双方都已战斗得精疲力竭，但是联邦军把李的部队围在了夏普斯堡周围的口袋形区域，敌军背后是波多马克河。林肯知道，敌军可能于次日灰飞烟灭。然而，麦克莱伦按兵不动。9月18日夜，邦联军越过波托马克河，返回南部，只受到微不足道的干扰。林肯敦促麦克莱伦渡过波托马克河，插入李和叛军首府之间：

> 我们如果不能在他劳师远征来打我们时打败他，就绝无可能在我们劳师远征去打他们时打败他。……如果说我们必须在某地打败他，或终于失利，无论如何，近处总比远处强。……要是我军跟敌人行程相同，大家就都一样容易，说我们做不到就不够男人了。

林肯去会见麦克莱伦。与来自伊利诺伊州的老朋友奥维尔·布朗宁一起，绕行在联邦军巨大的营地中，亚伯拉罕指着成排连片的帐篷和露营地，隐忍而感伤地讥讽道："这都是麦克莱伦将军的卫队。"麦克莱伦声称，他无法追击李，因为骑兵的马"累得要死"。林肯回电报说：

"且不说安提塔姆之役受没受累,我是否可以问问,你那些马后来干什么了吗?"

然而,林肯一向是愿意协作的。到 10 月 27 日,他的记录显示,自己已经调拨去近八千匹军马。在给麦克莱伦的备忘录中,林肯以惯常的尖锐问道,它们要是现在还没休息好,到底什么时候才能?

尽管事实上麦克莱伦不愿对李赶尽杀绝,在安提塔姆,林肯还是得到了联邦军少有的胜利,这会成为他最初《解放黑人奴隶宣言》(Emancipation Proclamation)的基础。9 月 21 日,他召开内阁会议,讨论寻求新办法以减轻北部家庭的痛苦,并提出经常谈论的奴隶解放问题。

1862 年 7 月,军事部部长斯坦顿与年轻的妻子失去了还是婴儿的詹姆斯。林肯出席了葬礼。在一起乘马车回白宫的路上,林肯对西沃德和韦尔斯说,他已"得出结论,我们必须给予奴隶自由,不然自己会被制伏"。对于给反叛地区奴隶以自由,宪法是有限制的,而战争消除了这些限制。在总统的战争权力左右下,出于军事需要可以给予奴隶自由。

这次讨论刚过,蒙哥马利·布莱尔就警告林肯,对于将战争由拯救合众国转化为解放奴隶的任何变动,军队都会感到厌恶。萨蒙·蔡斯则认为,林肯构想中的宣言实在过于软弱。林肯不得不设法调和这些意见,以获得内阁对最终文件的批准。9月21日,内阁会议颇有趣味地召开,典型的林肯式花样,有些狡猾,有些天真。面对困惑不解的内阁成员,总统朗读了《尤蒂卡暴行》(*A High Handed Outrage in Utica*)中的一章作为开场白。此书作者阿蒂默斯·沃德(Artemus Ward),是林肯欣赏的幽默作家和表演者。不少与会者更多地感到茫然而非开心。在这种气氛中,林肯提出自己起草的《解放黑人奴隶宣言》供众人评议。

文件对边界州提出补偿解放计划,继之以一项"尝试,即在非洲裔人们的同意下,将其移民至这个大陆或其他地方"。此外它还宣称,如果到1863年1月1日,反叛者还不回归联邦,林肯就将"其后以至永远"给反叛州所有奴隶以自由。陆军和海军将承认南部奴隶的自由。内阁大多数成员支持林肯,虽然其中有些人认为,对于北部、军队和边界州的人群,《宣言》可能具有危险的影响。次日《宣言》公布。

尽管一些废奴主义者盛赞《宣言》开了先河,拉尔夫·瓦尔多·爱默生（Ralph Waldo Emerson）也称之为"值得这场恶战的一件大事"，但还是有些人嘲笑它，因为林肯所做的一切，只是解放其军队至今尚未见到的奴隶。林肯认识到，这可能使《宣言》沦为笑柄；而且天平的一端是一些废奴主义者，另一端是许多民主党报纸和演说家，都在对他施压。他还被指控煽动奴隶在南部造反。

不管怎样，《宣言》的效应之一，是终结了英国内阁承认南部邦联的任何计划。林肯为这场战争赋予了道德意义，让英国无可否认。于是，安提塔姆具有了双重影响——胜利既是军事上的，也是道义上的。这都没有挡住麦克莱伦提醒他的士兵。他在给部下的一道不得已的命令中说，政令（他指的是《宣言》）所致的任何错误，都可以在临近的中期选举中通过投票来纠正。麦克莱伦为无意中成为《宣言》的催化剂而大为恼火。

呕心沥血，顶着压力做决策，自从在纽约的布雷迪照相馆拍照后，两年里林肯老了十岁。一些见过他的人提到他是如何地弯了腰。他眼中的悲伤达到了无可疗救的深度。"疑病"折磨着他。然而，尽管持不可知论，但他开始相信上帝是一种历史性的力量。"在大规模的争斗中，每一方都声称按照上帝的意愿行事。双方都有可能，但必有一方是错的。上帝不可能同时支持和反对同一方。在眼下的内战中,上帝的目的很可能不同于任何一方的目的;然而人类的手段起作用时,实现上帝的目的才是最好的顺应。"

11月7日,林肯终于解除了麦克莱伦的指挥权。虽然,如总统所曾担心的,一些军官向麦克莱伦进言,要他进军华盛顿,自任独裁者,麦克莱伦没有这么做。他相信自己会成为1864年的民主党总统候选人。他指望共和党人那时将声名狼藉,自己就可以作为国民救星当选。实际上,他甚至敦促他的人马以同样的忠诚为他的继任者效力。继任者是安布罗斯·伯恩赛德(Ambrose Burnside)将军,一个六英尺高的壮汉,留着大把的"络腮胡子"(人们对这位将军怀着异样的尊敬,开始这样称呼他面部浓密的毛发)。伯恩赛德先前已快要取代麦克莱伦,又请求人们不要让他担此大任。在西点军校生的自吹自擂之下,他有着神经兮兮、令人生厌的灵魂。

解放奴隶,以及战争的可怕伤亡,导致了北部对政府的处罚。在1862年的选举中,北部的五个大州——纽约、宾夕法尼亚、俄亥俄、伊利诺伊和印第安纳——落入民主党之手,新泽西也是如此。共和党人被迫与边界州的联邦派结盟,从而以微弱优势保持对国会的控制。政治趋势大不利于林肯,看起来他必定会在1864年败选,即便争取共和党提名,而提名似乎都不太可能。尽管有林肯在《解放黑人奴隶宣言》一事上的姿态,但他对奴隶制度不肯多言,对战争又指导乏力,让民主党激进的废奴主义者一翼感到不满。而在北部,现在出现了一伙大声疾呼的反战者,共和党称其为"铜头毒蛇"。他们敦促立即举行和平谈判。而在1862年阴郁的冬天,联邦连个能在弗吉尼亚州打胜仗的将军都找不出来之时,媾和的提议似乎很有吸引力。

在当年12月向国会报告的年度咨文中,对受到重创的联邦,林肯提出了1930年的人口前景,届时将与欧洲的相当。他认为,根据预测,到那一年,美国人口可以达到2.51亿。"我们也能够达到这个数字,只要我们别自己放弃机会,像眼下的联邦这样由于愚蠢和邪恶,由于漫长、消耗的战争而丧失机会。而这场战争仅仅出自国民间的巨大不和。"这个壮丽的前景——他毫不含糊地如此认为——是对解放奴隶之正当性的进一步证明。增长的人口将使美国对解放奴隶的补偿更容易。他驳斥"给予有色人自由"会损害和"取代白人劳动及白人劳动者"

的说法。"与依旧做奴隶相比,有色人由于得到自由,就能取代更多的白人劳动,这难道是真的吗?"解放奴隶在缩短战争的同时,也将为未来的黑人移民做出补偿。12月那次讲话的结尾部分引起了听众的共鸣,是经典的林肯演讲。它似乎属于另一个时代,或者说它属于20世纪末、21世纪初,那时的演讲已开始创造一两个令人难忘而易于引用的句子。与当时的演讲相比,林肯的讲话拥有单纯质朴的品质。"在给奴隶自由时,我们确保了自由人的自由——我们所给予的,与我们所保留的同样可贵。我们将高贵地保存,或卑贱地失去世上最后最好的希望。"

12月——跟上一年的12月一样——没有结束林肯和联邦的痛苦。军队在拉帕汉诺克河畔弗雷德里克斯堡(Fredericksburg)镇的对面建起了过冬营房。弗雷德里克斯堡是个背靠悬崖的港口。在发兵过河攻击俯瞰镇子的梅耶高地(Marye's Heights)之前,两三个星期里,伯恩赛德将军都听任邦联军在这个高地上挖掘工事。一批又一批,部队被拆开派出,向山崖顶上的石砌壁垒发起冲击。士兵们上阵前明知有去无回,其中有些人把自己的姓名写在背上——他们已经跟镇里的殡仪业者谈妥,用船将遗体运回家乡。联邦军的伤亡人数是邦联军的三倍还多。这是一次恐怖的大屠杀,在人们正以为已经熬过当年的危险时,噩耗传回了北部的家园。伯恩赛德为自己导致的惨重伤亡而流泪,林肯也再度陷入极其压抑的"疑病"。

此外,内阁也处于纷争之中。做派浮华而信仰虔诚的萨蒙·蔡斯,私下里野心在膨胀。国内有人说:"再也没谁信任他(林肯)了。"这鼓励了蔡斯。作为权力运作的第一步,蔡斯向共和党人参议员散布文字和口头消息,力图拆西沃德的台,声称西沃德无心作战,肆意插手内阁其他成员的事务,还阻止重大问题在内阁中得到充分讨论。借由如此抹黑西沃德,蔡斯也把林肯歪曲成一个管不住西沃德的人。激进的共和党人认为林肯指导战争不当,或废奴立场不充分彻底,他们乐于听信这些说法。林肯对朋友布朗宁说:"他们想要摆脱我,我有一半心思想成全他们。"参议员中许多人相信了蔡斯所描绘的画面,已经在向林肯转达种种怨言。

林肯可能有时显得过于温顺而消沉,以致人们忘记了他有力的政治手腕。蔡斯本人就是如此。12月18日晚上,林肯把共和党人参议员和内阁成员请到他在白宫的办公室,当着这些参议员的面,将对西沃德的种种质疑摆到整个内阁眼前。当内阁同僚们都说没觉得西沃德压制辩论或插手事务时,蔡斯颇为尴尬。追问之下,蔡斯自己不得不承认,西沃德并非参议员们畏惧的用心叵测的天才,当然,顺理成章地,他也肯定了林肯对内阁的领导。林肯随后照例宣布,"如有任何比他曾经历者更糟的地狱存在两天,他很愿意得知"。他经常会提及折磨自己的地狱——他所患的"疑病"和种种坏事一再呈现给他的场景。

在这可怕的一年的最后一个寒夜里,林肯睡得很不好。上午,由于没有一个反叛州回归联邦,他需要发布一个确认的公告,宣布给予这些州的奴隶自由。没有什么胜仗来加强公告的效力。在密西西比河那边,格兰特夺取维克斯堡的计划遭遇了重重困难。各处前线看来都存在延迟和混乱。从军事部电报局先前收到的消息林肯得知,在田纳西州默弗里斯伯勒(Murfreesboro),一场恶战刚刚打响,具体地点是纳什维尔和查塔努加(Chattanooga)铁路的一个重要交叉点。

点上办公室的壁炉和煤气灯,总统早早开始工作,推敲《解放黑人奴隶宣言》的最终版本。有些区域不实施解放。

"就目前而言",路易斯安那州在联邦控制下的部分,弗吉尼亚州由联邦军占据的一些地方,西弗吉尼亚地区(当地对奴隶的占有完全处于低水平),马里兰、肯塔基和密苏里等一直留在联邦内的边界州,以及田纳西(现由联邦控制,大部分人民一直支持联邦或后悔脱离),以上区域不实施奴隶解放。在这些地方,奴隶制的取消将采取略为缓和的方式。至于其余区域,各反叛州的所有奴隶,则从此"永远自由。……我诉诸人类的深思明辨,和全能上帝的仁慈支持"。林肯敦促"以如此方式被宣布自由的人们放弃一切暴力"。"条件适宜的"前奴隶将被允许加入美国武装力量。废奴主义者一再提出的联邦军黑人士兵的设想,如今已成现实。

玛丽以召开一场白宫招待会来解放自己——自从威利死后,这是她的第一次公开活动。她身体虚弱,却仍然兴致勃勃。尽管来的很多亲戚属于南部邦联,她还是为《宣言》的发布而欣喜。她的宝贝儿子罗伯特也从哈佛来跟家人度过整个假期。玛丽身着灰色的丝绸长裙,一直坚持到招待会结束。她对降神会和江湖术士的迷信还是没有消失,那些人里有的和善,有的则心怀恶意。据莉齐·凯克利说,林肯无奈之下,曾把华盛顿精神病院指给玛丽看,温和地警告她,假如不能适应悲伤,那里就是她的归宿。所以,即便在家里,林肯也在进行一场胜负难料的战斗。

元旦下午,聆听了《宣言》之后,一群前奴隶高兴地来到白宫草坪上。一位黑人牧师出面联系总统,请他出来接受他们无比热烈的拥抱。但随后几天,林肯的大量时间都耗在电报局里,等待来自默弗里斯伯勒的消息。在那里,沿斯通斯河(Stone's River)两岸,威廉·罗斯克兰斯(William Rosecrans)将军的部队被迫北撤,但仍努力节节抵抗,化解敌人的攻势。结果,叛军退到查塔努加,而一直做好准备要承受联邦军又一次失利并对之做出解释的林肯,也避免了一场难堪。

靠近根据地,沿着拉帕汉诺克河,在试图对李用计时,伯恩赛德部队的马车深陷泥中。这又是一个令人沮丧的错误。眼下,在拉帕汉诺克河一线的军营中,即便不是当逃兵,擅离职守的发生频率也是令人吃惊的。就连一些将军都待在北部城市里逾期不归。任何人都无法表现出像林肯这样的定力和忍耐力。乔·胡克(Joe

Hooker）是个率性、嗜酒、不敬神的西点军校毕业生，绰号"好斗的乔"。1月26日，总统邀请他到白宫，交给他一封信：

> 我把你放到了波托马克军团的指挥位置上。……我认为你最好知道，在有些事情上我对你并不是很满意。……我听到——据可靠消息——你最近说，军队和政府都需要独裁者。当然，并不是为了这个，而是尽管如此，我给了你指挥权。只有那些立下军功的将军，才当得上独裁者。我现在所要的，就是你的军功，而我将冒遭受独裁统治之险。

这种坦率语气，是林肯跟将军们说话时所特有的。他很高兴胡克充满想法，比如怎么打败李，以及一旦攻占了里士满自己要做什么。不过，还得一直等到春天，土地变干之后，林肯才能弄清自己是否做出了正确的选择。

第十三章

到 1863 年晚冬时，林肯政府已经改变了美国经济的形态，使之具有了现代特征。这本是必然的。1862 年年初，林肯说："蔡斯没有钱，他对我说他再也弄不到钱了。水桶已经掉了底。"联邦军 1861 年的失利引起银行恐慌，暂停硬币支付，并发行价值可疑的钞票，致使财政部缺乏支付立约人的手段。林肯和蔡斯现在着手的措施，若在以前，还得对付南部民主党人的时候，是得不到国会批准的。的确，在脱离联邦的同时，南部也放弃了决策的主导地位。直至战争爆发，合众国存在的七十二年里，一个个南部奴隶主占据白宫，总共将近五十年。（战后要过一百年才有南部人当选总统。）在相当长的时期中，南部及其拥护者也把持着众议院和参议院，设计着有利于种植园绅士的政策。

现在，没有了南部的掣肘，林肯和蔡斯发起一项为进行战争而筹集资金的计划。他们批准，大力推销政府的战争债券，针对的不仅是职业投资者，也包括普通公民。而蔡斯明白，偿还它们须用的硬币将超过财政部所持有的。所以，经林肯批准，他向国会提出一个法定货币法案，它允许发行一亿五千万美元的纸币。美钞就此诞生。它是对旧经济（林肯在那种制度下度过了童年）

的终极打击。美钞由财政部发行,成为一切公共和私人债务的应收货币。杰斐逊心目中的田园生活,彼此快乐交易的糊口农夫,已被国内数量日增的硬币抛弃。其中的几枚,曾由林肯渡船的乘客扔到船上,给了他种种遐想。现在,美国式的伊甸园在美钞的暴风雪中消失得无影无踪。怨言四起。有人说,此举与政治的、道义的和国家的荣誉相悖。美钞被谴责为违宪,因为宪法只授权联邦政府发行铸币,但林肯依据紧急战争权力来要求纸币的发行权。一些金融家告诉林肯,他毁掉了国家,随着战争成本变得越发高昂,美钞会导致巨大的通货膨胀。但是战争总得付出代价。

与此类似的举措还有开征一个税率为百分之三的税种,对象为年收入超过八百美元的所有人,谁也不能例外。虽然起初只带来了微薄的岁入,但它标志着一个财政世界的开端,20世纪的美国人将继承这个世界。一种销售税,针对范围广泛、从烟草直到纸牌的商品,让人们抱怨除了空气就没有免税的东西。没收的南部资本也有助于国家岁入。

1863年年初,专为一系列将要经营美钞发行的联邦特许银行,蔡斯拟订了联邦特许银行法案。"金融将统治本国此后五十年。"林肯宣称。他精明地选择合适的参议员,引导国会通过法案。州权捍卫者①们担心,联邦特许银行会使经济集中化,以致削弱州立银行。

没有了南部人在国会中阻挠"内地改进"之梦,林肯又一次得以一展宏图,开建横贯大陆通往太平洋的铁路。太平洋铁路法案通过后,1863年1月8日,中央太平洋公司开始向东铺轨,准备与联合太平洋公司起自奥马哈(Omaha)的线路连接。作为鼓励,两家公司都得到了巨量的政府赠与地。

南部人一直反对宅地法案,唯恐会使西部充满反对奴隶制的北部人。②但林肯对自己的设想讲得明白,就是"把荒地打包分配,以使每个穷人都能有家"。他管不了现实情况,即投机者会买断并囤积贫困者的土地。他的政府赠与地学院③法案规定,农业学院可以通过出售联邦土地获取补贴。这些学院要对农家子弟讲授"科学务农",即怎样运用最新的种植和饲养技术,怎样建立农民与市

---

① 州权捍卫者,主张严格解释宪法中保障各州权益内容的人。
② 宅地法案规定,凡连续耕种公有地五年的农户,即可获得一百六十英亩土地。
③ 政府赠与地学院,接受政府免费拨付土地而兴办的学校,须传授农科等实用知识。

场的联系,而这些知识本身就是摆脱温饱生活的手段。

大部分于1862年或1863年年初通过的这些立法,将彻底改变美国,程度不亚于萨蒙·蔡斯的金融改革。其他破旧立新的冲击也比比皆是。整个晚冬和早春,在北部和被攻占的南部,联邦军官都在招募黑人士兵。沿着密西西比河,乔治·托马斯(George H. Thomas)将军组建了许多黑人团,从而使出逃奴隶的人力为联邦军所用,又不至进入北部。林肯致信他任命的田纳西州州长安德鲁·约翰逊(Andrew Johnson):"五万武装起来、经过训练的黑人士兵站在密西西比河岸上,单是这一景象就能马上结束叛乱。"

内阁也在考虑以征兵来充实联邦军队伍。兵役制的实行在北部引发了更高的反战声浪,最喧嚣的大概要数纽约市。具有若干种族背景的纽约工人——尤其是爱尔兰裔、德国裔和瑞典裔——唯恐会涌来大批解放的奴隶,进一步恶化已经很糟糕的工资状况。征兵还被视为国家对公民意愿的干涉,被认为是对民主意识的深入侵犯而受到责难。实际上,要征募的只有五万人,有钱人还可以拿出三百美元来逃避兵役,这笔赏金则转交给替代他的人,无论是谁。不过,这种做法还是把招募搅得沸沸扬扬，也进一步兆示联邦打算结束这场战争。

后来，夏季里，在纽约市出现了激烈的反征兵骚乱，袭击黑人甚至市中心的黑人孤儿院，侵犯共和党名人家庭、大小商号和一些报社，在联邦军队和反对征兵的劳动阶层群众（大量为爱尔兰人）之间挑起争斗。这些在街头和民宅出现的平民与军人之间的强烈对抗，使林肯得知时大为震惊。然而，无论沮丧与否，他是坚定的。也许，压抑消沉与不屈不挠就是这个人的两面，相反相成。他从年轻时就学会了如何承受令人虚弱的自我怀疑。

有意思的是，由于玛丽的缘故，一个年轻人可以既不服兵役，又免受参加圣战的道德压力。罗伯特·林肯还待在哈佛，他的母亲以轻度散光为理由，说他还不能参军。她的丈夫心里非常清楚，失去罗伯特会让玛丽·托德·林肯精神崩溃。不过，一个如此急于征用别人儿子的人却不愿征用自己儿子，这个事实免不了惹人议论。

这本可以成为一个争论不休的话题，不过好斗的乔·胡克后来有了个绝妙的战略计划来结束战争。他打算跟邦联军的斯通沃尔·杰克逊一样，秘密地将八万兵力从弗雷德里克斯堡正面向西方远处调动，只在该镇对面留下四万人，以造成整个联邦军大部队原地未动的假象。徒有其形的部队燃起并维持着煞有介事的篝火,掩护胡克将主力朝拉帕汉诺克河上游远方转移。

胡克的部队到达拉帕汉诺克河上游远处的浅滩,涉水过河,进入钱瑟勒斯维尔(Chancellorsville)四周的阵地。钱瑟勒斯维尔是个小村庄,西面是一大片灌木丛和森林,人们称之为荒野,村子处于其边缘。胡克占据了能从背后和侧面击溃李的优越地势。留在弗雷德里克斯堡正面的部队和埋伏在钱瑟勒斯维尔的六个军,将使邦联军两面受敌。然而此时,跟波多马克军团历任指挥官似乎难免的一样,胡克也陷入了犹豫不决。他指望李"狼狈逃窜",乃至即便不逃走也会走出防御工事,"到我们自己的地盘上"来作战。李看透了胡克的心思,让冷峻的斯通沃尔·杰克逊率部潜行,绕过胡克的阵地,从而摆脱了胡克的钳制行动。胡克把人多势众的部队撤回密集防守的阵线,放弃了优势地位。

军事部电报局里,林肯双脚搁在桌子上,一心等待大好消息。战报到来,表明现在是邦联军从两侧攻击胡克,而非胡克在以同样方式攻击邦联军。林肯觉得联邦领导层被下了魔咒。5月6日,林肯认识到,设想完全落空——胡克在遭到重创后已经撤退。炮弹引发了林火,有些伤员被活活烧死。林肯对一个年轻记者感叹道:"上帝啊!这个国家有何话说!这个国家有何话说!"总统似乎已经别无选择,只能敦促胡克恢复攻势,但前提必须是,这样的行动并非"绝望或鲁莽的。提早动作有助于改变近来战事对士气的不良影响"。

至少,这场极为"有害的"失利几天后,林肯收到了格兰特发来的好消息,在坎伯兰河及密西西比河沿岸,格兰特正打得如此这般地得心应手。格兰特为人与麦克莱伦、胡克不同,他对政府政策从不置喙,而一心想着分内之事,即用好自己所指挥的兵力。他已攻占密西西比州的杰克逊,正在做出新的努力,陆军和水兵并用,攻打维克斯堡。然而,攻击维克斯堡失利后,他转为了常规的围攻。林肯相信,格兰特不同于那些爱说空话的军官们,他会言出必行,以消耗战拿下维克斯堡。

钱瑟勒斯维尔战役之后,有初步迹象显示李将再次北犯。假如能够威胁到或者攻下华盛顿,欧洲各大国就会觉得有理由干涉,推动和解。李有七万五千人可用于北进。在北部,进军哈里斯堡、兰开斯特(Lancaster)或者费城途中,择机打一场大仗,可望保住南部邦联,终止林肯挽救合众国和解放奴隶的战争。

林肯被人批评为幼稚的军事思想家，过于强调进攻，不重视地形对作战结果的影响。然而，他向乔·胡克提供的建议，在一般人看来却非常明智。

> 就算你发现李进军拉帕汉诺克河北部，我也决不会渡河到南部去。他若在弗雷德里克斯堡留下殿后部队，引诱你去攻击，守军会躲在战壕里作战，使你处于不利地位，这样，一对一，你的处境极为糟糕，而他的北进主力会在某些方面坐拥有利条件。总之，我不会冒任何风险，使自己在渡河时遭到袭扰，就像一头牛跳栅栏时卡住一样，容易被群狗前后撕咬，而得不到公平的机会或撞或踢。

一如既往，林肯一心想让将军们确信他的话仅为建议，但卡在栅栏上的母牛的形象描述，肯定会留在胡克发热的头脑中。

邦联军挥师北上之际，林肯在军事部的巨幅军用地图上关注胡克的进展，与哈勒克和国务卿斯坦顿一起分析电报和战报。胡克担忧的是叛军运动带来的可能的危险，林肯则更倾向于强调一些积极因素，即为联邦军提供在运动中切断叛军的机会。林肯之前就写信给胡克："李的行军部队，如果头在马丁斯堡（Martinsburg）、尾在弗雷德里克斯堡与钱瑟勒斯维尔之间的普兰克路上，这条爬虫必定有非常细的部位。你能不能拦腰截断它呢？"林肯需要的是这么一个人，他能够认清实质，把李的长驱直入，视为歼灭叛军的上好机会。"我始终相信，"林肯后来说，"如果处置得当，进犯波托马克河以北的叛军主力，只能有来无回。"然而，林肯精辟的形象论述，并不总是能得到好战的乔的回应。

威拉德酒店外的公告板吸引了极大的关注。华盛顿的权贵和名人总是聚集此地，察看伤亡清单和最新战报，自1861年7、8月以来，首都从未如此为面临入侵而倍感焦虑。胡克不断后撤，直至部队全都驻扎到华盛顿西部，而据骑兵侦察员报告，在安提塔姆旧战场附近，李显然已经横渡波托马克河，正在闯过马里兰西部，进入宾夕法尼亚的农田。

像麦克莱伦一样，胡克只给了林肯一样东西，就是离谱地高估敌人的实力，并要求增援。对于这位将军这样的态度林肯显然不以为然。胡克递上辞呈，以为会被拒绝,却赧然发现并非如此。一名军官被派去通知乔治·米德(George Meade)将军,现在要由他指挥与李对阵的军队。米德绰号"老叩头龟",是个为人正直、信仰基督的西点军校毕业生。林肯说,米德,这个宾夕法尼亚人,会"在自己家门口大展身手"。华盛顿派出寻找米德的军官想方设法,于6月28日凌晨三点不辱使命,在马里兰州北部的一个农舍里找到了米德。使者摇醒将军,说要告诉他点麻烦事。米德还以为是胡克将军下令逮捕他。军官说,不,情况比这还不妙:你成了新的指挥官。

不管怎样,米德是个谨慎的家伙。自从接手指挥权,他最关心的似乎就是秉承前任的精神,保存部队实力。一场战斗已不可避免,或是在马里兰北部派普溪(Pipe Creek)沿岸,或是更往北在宾夕法尼亚。总统和米德之间,将重演总统和胡克的关系。一个时刻能让亚伯拉罕·林肯多兴奋,就能让米德多害怕。

6月底,联邦军的前锋部队抵近风景如画的葛底斯堡(Gettysburg)镇,略偏西北。南北两军沿着乡村道路向此地聚集,邦联军沿钱伯斯堡路(Chambersburg Road)转而向南。林肯得知了7月1日的首战情况。约翰·雷诺兹将军(John Reynolds,当天中弹身亡)在镇北的战线守到下午三时左右,部队随后被迫撤退,穿过街道,加入镇南塞梅特里岭(Cemetery Ridge)上的友邻部队。有论者说,李不该在这里与联邦军开战,应当与之周旋,迫使其在更有利于己方的地点作战。但是,在迎着塞米纳里岭(Seminary Ridge)一线展开部队对峙时,李知道,一决高下的地点就在这里,就在埃米茨堡路(Emmitsburg Road)边的树林里和农庄中。

第二天,李几乎包围了米德在塞梅特里岭上的南面侧翼。联邦军战线的这一端,由玛丽的降神会老朋友丹·西克尔斯指挥。联邦军由一名连鬓胡子军官布阵,固守两座小山——小圆顶(Little Round Top)和圆顶(Round Top)。

葛底斯堡开战次日,在华盛顿的士兵之家,玛丽走出专属林肯夫妇的舒适别墅,登上她的专用马车。马车颠簸着驶离时,玛丽所坐的座位垮塌,她重重地跌下车。维多利亚式拘谨不容对第一夫人伤情做确切评估,但头部伤口感染了,使她病得很重,林肯不得不让罗伯特从哈佛回来陪伴她。永远也没人能确定这是不是蓄意破坏——固定座位的螺栓可能被有意拧松,好让高大的林肯摔下车撞碎头骨。

林肯本人无法从白宫或军事部电报局离开。他接收的消息包括成千的伤员缺乏足够的医疗保障,以及猛烈的炮击挡住了皮克特(Pickett)向联邦首都发起的冲击。

7月4日局势明朗了,战役已经结束,联邦军占据了塞梅特里岭。在如释重负的米德看来,这已算是大功告成。而在高兴的林肯眼中,此时显现的是大好时机。米德向部下发布命令,祝贺他们"把入侵者从我们的土地上通通赶走"。这让林肯很是失望。读着命令,林肯叫道:"把'入侵者'从我们的土地上赶走?我的上帝!仅限于此吗?"西克尔斯将军已失去一条腿,被人用床垫抬到华盛顿,激动而震惊地告诉林肯,米德原本甚至不想打这一仗,米德的将军们不得不向其保证塞梅特里岭就是"理想的战场"。

现在,林肯天天都在期待米德追击李溃退的部队,阻止他们南逃渡过波托马克河。"你在葛底斯堡给了敌人狠狠一击,"他在电报中对将军说,"跟住他,在他到达波托马克河之前再给他一下。"有几天,李的部队被涨水的河流所阻挡。林肯对看望病中母亲的罗伯特私下透露,他真想亲自出马去与李决战。

到7月14日时,事情对林肯明摆着,叛军又一次渡河南逃了。林肯写信给米德总结自己的感受。

> 再一次,我亲爱的将军,对于李逃脱所引起的不幸之巨,我相信你并不会乐于见到。他本来是在你轻松掌握之中的……事到如今,战争将无限期地延长下去。你如果上周一不能有把握地攻击李,又怎么可能在波托马克河以南这样做……鉴于你已经知道我是不满意的,我觉得最好还是诚恳地告诉你原因何在。

他决定不把这封信发给米德也许是明智的。跟上一年12月,安提塔姆战役之后一样,这一次,林肯又看到结束可怕的战争、停止对年轻人的屠杀的可能,而他的将军们没有看到。

好在有个事实足以告慰,即维克斯堡被格兰特攻占了。7月7日,吉迪恩·韦尔斯将消息带到林肯的办公室。"为了这个大快人心的消息,我们能为海军部部长做点什么?"林肯问道,"他总是带给我们好消息。"如果说有能让人极度欢欣又极度绝望的理由,1863年7月便给了林肯一个。"密西西比河再度安然入海",总统以其惯常的精妙比喻宣称。在白宫草坪上的一次未做准备然而满怀赞颂的演讲中,林肯首次谈到一些想法,它们在后来一个更加神圣的场合还会重提。"时间过去多久了?自那个7月4日至今,已有八十多年——世界历史上第一次,一个国家的代表聚在一起,宣布一个不言而喻的真理,'人人生而平等'。"

第十四章

那年夏天,著名的黑人领袖弗雷德里克·道格拉斯(Frederick Douglass)来到白宫,向林肯争取黑人士兵的薪俸和待遇。他说,他们理应得到与白人士兵相同的薪俸,也理应按军功提升为军官。而且,如果南部邦联处决黑人战俘(据信在瓦格纳要塞曾发生过),作为报复,林肯也有必要处决叛军士兵。凡事主张循序渐进的林肯指出,对于雇用黑人部队,在联邦军中存在巨大的偏见。"我们不得不对成见有所让步。"他解释道。尽管已经起草了一道命令,指示鉴于联邦军队特别是被俘黑人遭受的暴行,将处决邦联军人作为报复,但林肯还是对道格拉斯解释说:"由于别人的所作所为,就冷血地把人拉出去处死,这个我做不到。"除去林肯的多愁善感和现实政治才能,道格拉斯对他是很赞赏的——"在美国我可与之自由交谈的第一位非凡人物"。

公务繁忙之际,林肯也抽出空来给在士兵之家养病的玛丽写信。"告诉亲爱的塔德,可怜的'山羊南尼'走失了,卡斯伯特太太和我都为此伤心。你离开那天,南尼还趴在塔德的床上有滋有味地嚼东西,而现在她走丢了!"

时至当年9月底,米德和李将军的军队还在弗吉尼亚州一味僵持着。林肯为米德的徘徊不前而恼怒:

为了避免误解,让我把话说清楚,想要把敌人慢慢打回他在里士满的工事,在那里抓住他,是我整整一年都在极力否定的主意。……我对里士满的最后设想,是说服麦克莱伦,在比敌人更接近那里时,抢到敌人前面。从那时起,我不断地要求波托马克军团去打李的部队,而非打里士满。……如果我军不能扑向敌人,就地予以杀伤,那么在我看来事情是明摆着的:想要尾随敌人越过一道道掘壕据守的防线,进入壁垒森严的城市,只能一无所获。

"只有这样一些将军,我又能怎样?"林肯问道,"还有比米德好一点的吗?"

林肯与将军们的通信,并非全部有关军机大事。林肯的许多信件表明,对于总统的信来说,没有什么问题会小到不值一提。1863年10月8日,他写信给米德将军道:"我为奥古斯特·布利特斯多尔夫(August Blittersdorf)请求免于一死,他此时身在弗吉尼亚州的米切尔车站,将于明天作为逃兵被枪决。我不希望任何一个不足十八岁的少年被枪决,而他父亲肯定他还不到十六岁。"

南北两军在田纳西混战,罗斯克兰斯将军所部联邦军在奇克莫加溪(Chickamauga Creek)战败。现在无论如何都得守住查塔努加。林肯认为,罗斯克兰斯将军表现得"惊慌失措,就像头上挨了闷棍的鸭子"。

1863年秋,当共和党人大规模赢回州选举时,将军们的坏运气得以抵消。对反政府人物的选战中,最让人扬眉吐气的胜利包括击败"铜头毒蛇"克莱门特·伐兰狄甘(Clement Vallandigham),他输掉了俄亥俄州州长选举。

同年11月,一处新的国家士兵公墓在葛底斯堡战场落成,林肯将在落成仪式上讲话。林肯极少为了演讲而离开华盛顿,但他接受了这次邀请,因为这是一个适合表述重要思想的机会。届时正式的演讲者将是爱德华·埃弗里特(Edward Everett),一位第一流的学者,曾任哈佛大学校长、马萨诸塞州州长、美国参议员、驻英大使和国务卿。

在前往葛底斯堡的路上,与林肯同行的有西沃德、布莱尔、秘书约翰·海和尼古拉,以及新任内政部部长约翰·厄舍（John Usher）。这让林肯不便在火车上润色自己的简短讲话。的确，我们宁愿相信传说，林肯著名的葛底斯堡演说，是仅凭写在信封上的寥寥数语即兴发表的。但好几位见证者表明，在离开华盛顿之前，林肯已经有了一份草稿。

第二天一早，林肯与埃弗里特聊了一会儿（埃弗里特将承担当天的主要任务），然后跟西沃德乘马车去巡视战场。战斗的迹象仍然随处可见，从浅浅的墓穴到邦联军阵亡者的死亡气息，他们的遗体被草草掩埋在鬼巢（Devil's Den）的石块和落叶下。然后，包括总统在内的一行人，从镇上前往塞梅特里岭，那里搭起了一个木制平台。为了让战死者的灵魂安息，埃弗里特在两个小时的演讲中，指明了战场的种种地形，从卡尔普斯山（Culp's Hill）到圆顶。在当时的人们，包括林肯的秘书约翰·海和尼古拉看来，埃弗里特的讲话取得了巨大的成功，光华四射，他们把它视为当天演讲的重头戏。约翰·海写道，在埃弗里特的辉煌讲话之后，"总统优雅而从容地开口，风度非比寻常，用几句话赋予当地神圣意义"。

林肯最后立起身，以人们熟悉的高亢又非常入耳的声音，以及自如、洒脱、激动人心的节奏，发表简短的献辞：

　　八十有七年前，在这片大陆上，我们的先辈创立了一个新的国家，它在自由中孕育，奉行人人生而平等的宗旨。现在，我们正在从事一场非同寻常的国内战争，它考验着这个国家，或任何如此孕育、奉行如此宗旨的国家，是否能够长存。我们在这场战争的一个大战场上集会。我们是来把这个战场的一角，奉献给为国家生存而牺牲自己的烈士，作为他们的安息之地。我们这么做是完全应该、非常适当的。

的确，上一个夜晚，林肯注意到了铁路货场上还在待用的棺材。眼下在讲台上，他也能望见新挖出的同样待用的空墓穴。现在人们都知道，遗体辨认之难，意味着有些身着缴获的联邦军装的邦联军阵亡者将与牺牲的联邦军人一起，葬入匆匆构筑的战地公墓。而此事很可能由林肯批准过。

于是人们听到了林肯的第二段演说，谦恭而庄严：

但是，在更广的意义上，我们无法奉献——我们无法祭献——我们无法赋予这块土地神圣意义。那些英勇的人们，活着的和死去的，在这里战斗过的，已经使这里神圣化了，远非我们微薄的力量所能增减。世人不会多么留意，不会长久记住我们在这里说的话，但是不可能忘掉他们在这里做的事。我们这些活着的人，更应当在这里，把自己奉献给未竟的事业，曾战斗于此的人们业已如此崇高地推进的事业。我们更应当在这里，把自己奉献给留在面前的伟大任务；从光荣的牺牲者那里汲取更多的献身精神，致力于他们在这里倾其所有而为之献身的事业；在这里下定决心，不让牺牲者的鲜血白流，从而使这个国家，在上帝的保佑下，得到自由的新生——并使民有、民治、民享的政府，在人间永世长存。①

很久以后，一位历史学家加里·威尔斯（Garry Wills）

---

① 原书引用林肯的葛底斯堡演说时略有删节。考虑到这篇演讲的文献意义，中译已经补全。

会指出，林肯的葛底斯堡演说以偏重大众口吻兼圣经气派的言辞胜过了埃弗里特的希腊复兴风格杰作，使长盛不衰的传统文风突然过时了："全部现代政治散文都脱胎于葛底斯堡演说。"那天晚上，林肯乘火车返回华盛顿，几小时后疲惫不堪地到达白宫。他觉得自己生病了——的确，他将由于染上一种轻度的天花而卧床。病情需要剃掉胡须。在他复原的时候，好消息传到总统卧室。格兰特在查塔努加附近攻击叛军，并在卢考特山（Lookout Mountain）和米舍纳里岭（Missionary Ridge）击败了他们。邦联军也被从诺克斯维尔（Knoxville）赶走。田纳西的东部安全了。"现在如果这个波托马克军团起得了什么作用，"林肯说，"如果军官们拥有什么东西——如果波托马克军团还有腿，他们就可以发兵三万，扑向林奇堡（Lynchburg），捉拿朗斯特里特（Longstreet）[①]。要是格兰特在这里指挥就能捉住他，这么说谁会不信？"

很长时间里，战争指导委员会都要求林肯将作战不力的米德解职。然而由于种种原因，甚至也许是由于固执，林肯始终不肯。不过他开始有所计划，拟将善战的

---

① 詹姆斯·朗斯特里特，邦联军主要将领。

格兰特向东调动。

林肯每年12月照例向国会发表讲话,这次他是在病床上准备的。此时战局不断发展,重点已经转向联邦和战败南部的重建。林肯呼吁增加移民,因为美国的经济如此生机勃勃,还有这么多矿藏在西部不断被发现。有些事情表明他确实受制于时代局限。不久前在明尼苏达州和美国西部,发生了印第安人攻击移民的种种事件。处理这些事件时,他公开称赞一些条约,因为它们"取消印第安人对大面积和高价值土地的所有权",并把他们驱赶到前景较差的保留地中去。

对于解放的奴隶,林肯现已不再强调最终的黑人自由民移民计划,而是提出公民权与投票权的前景。对于这种设想,他所在政党也有些成员感到不安——如果前奴隶能够像公民一样投票,他们最终会进入国会。

作为那年12月8日向国会提交咨文的附件,林肯发表了大赦和重建公告。在公告中,他取消了一些人担任选举和政治职务的资格,包括所有做过南部邦联文官或外交官的人,所有当过邦联军上校以上军衔军官的人,所有辞去美国军队职务而为南部邦联效力,或者离开国会或法院而投奔背叛者的人。他为求职的南部人所拟的誓言，面对全能的上帝声明："对于总统在现在叛乱期间所做的关于奴隶的所有宣言，我将一律遵守并忠实支持。"

仍处于复原期的玛丽在很多事上还是个伤心人。她家的死者中，有几个她都没容自己正式哀悼——三个异母兄弟，萨姆·托德、戴维·托德和亚历克·托德，死于邦联军中，戴维是死在维克斯堡的。现在，她的异母妹妹埃米莉·托德·赫尔姆，在奇克莫加之战中失去了丈夫，他是邦联军的一个将军。埃米莉想要一张通行证，到北部来做生意。在那个秋季孤零零待在白宫里的玛丽也盼望见到她。然而，除非宣誓效忠美国总统和宪法，否则就无法获准从南部邦联进入联邦。作为典型的托德家人，固执的埃米莉不肯从命。林肯只好派出武装人员，将她从门罗要塞护送到白宫。这是一次特许访问，轻率鲁莽，在政治上不合道理，只是事实上对于玛丽非常重要，而林肯对玛丽根本没法拒绝。

塔德很快发现，自己跟姨妈争执起谁是真正的总统来。无可救药的埃米莉·赫尔姆一口咬定是杰夫·戴维斯①。有一位参议员,纽约州的艾拉·哈里斯(Ira Harris),在与赫尔姆将军遗孀和玛丽二人争论罗伯特逃避兵役问题时,提出了叛国女人来到北部一事。不只是他,独腿的西克尔斯将军曾以愤怒的语气质问林肯,怎么能容许叛国者住进白宫。

埃米莉原本是受到欢迎,可以无限期地待在白宫,因为她给了玛丽如此大的安慰。但她到底还是离开,回到了肯塔基州的列克星敦。在那里,埃米莉想要一份许可,销售六百包棉花。林肯解释说,只有她宣誓效忠,才能发给这种许可。当她拒绝时,林肯感到很难做到礼貌的让步。为此,埃米莉写了封蛮横无理的信,将丈夫和托德家其他邦联军军人之死归咎于林肯。玛丽永远不会原谅的一句话是:"我还要提醒你,是你的米尼埃子弹②使我们成了这个样子。"玛丽觉得,妹妹的谴责如此伤人,自己永远都不会再跟她说话了。

姐妹二人如此激烈的争吵,时逢选举年,1864年。林肯已经非常渴望连任,因为他想证实自己的政策得到了人民的拥护。战争、财政改革、奴隶解放,它们都发

---

① 即杰斐逊·戴维斯。
② 在南北战争中广泛使用的枪弹,发明者名为米尼埃。

展到了远非一人所能承担的程度。林肯需要他的同胞们确认,他们能与他一起承担。然而,前景依然无望。萨蒙·蔡斯本人就在期待得到共和党提名,结果林肯是否能获得候选人身份都不能确定。蔡斯的女儿凯特信心十足,自认当第一夫人会比玛丽出色得多。① 有封信在共和党要人中流传,指责总统是个妥协者,热衷于"一时的权宜之计"。就连格兰特将军,都被一些人当做潜在的候选人兜售。"你以为我不知道自己可能会败选,"林肯反驳一个朋友,"可是我知道。而且除非出现什么大变动,还可能是惨败。"

玛丽对再度竞选也心怀隐忧。她对白宫的重新装修被丈夫称为"浓妆艳抹",开销之大,已使其个人债务高达两万七千美元。林肯要是落选,这些账单就得推给他掏腰包。

虽然有很多朋友建议,林肯还是拒绝将蔡斯解职。重要的是给予共和党二选一的机会。俄亥俄州是萨蒙·蔡斯的大本营。3月,那里的共和党人将在预备会议中投票,以显示他们想看到哪个候选人竞选总统。这将是非同寻

---

① 第一夫人通常即为总统的妻子,但有时也可以是总统的其他亲属或友人。

常的测试。

然而到了 3 月，一些四处流传的反林肯信件，以其不公平激怒了俄亥俄预备会议，会议选择了林肯。

林肯把格兰特带到华盛顿一事，也可能帮助了自己。米德将继续指挥波托马克军团，但要接受总司令格兰特的统帅。在白宫，人们热烈地欢迎格兰特，把他视为顽强不屈的救星。格兰特站在轻便马车上，好几个小时地与成群结队的市民握手。格兰特没有架子。他说话平声静气，没有虚张声势地大谈拿下里士满。见识了像麦克莱伦和胡克这样华而不实的将军之后，人们信任格兰特，林肯也一样。

然而对于战事，格兰特的计划没有提供轻而易举或兵不血刃的解决办法。他的计划是，以前所未有的力度袭扰李，力求迫使李进入决战。里士满的攻陷会是决战的额外收获，这要借助于驻守弗吉尼亚州门罗要塞的联邦部队，他们会切断从南部腹地进入里士满的铁路。在西南，舍曼将军（General Sherman）拥兵十万余众，将攻入佐治亚州，占领亚特兰大市，并把南部一分为二。林肯对计划体现出的协同精神感到高兴。"我们在西部就这么说，你要是不能剥兽皮，就得在别人剥的时候拉住兽腿。"

5月,在钱瑟勒斯维尔的荒野边缘那场战斗刚过去一年,同一地区激战又起。李命令部队在那里掘壕据守,这显示了他未来的意图——兵员减少导致弗吉尼亚战事逐渐演化,不得不从运动战转为阵地战。不过格兰特给军事部发电报说:"如果需要整个夏天,我建议在这一线决战。"林肯高兴地对华盛顿的一群人念了这份顽强的电报。然而,从那以后,林肯会得到一个深刻的教训——单是气势逼人和善于攻战,事实上未必能战胜准备充分的敌人。

格兰特征讨杀伐,逐渐逼近里士满。但导致的伤亡人数已逾五万,在北部引起更为强烈的厌倦和愤慨。在共和党内,形成了有利于总统职位竞争者的氛围,也的确出现了共和党提名者的另一人选。5月底,约翰·查尔斯·弗里蒙特(John Charles Frémont)将军的一群支持者聚集到克利夫兰(Cleveland),提出由弗里蒙特担任总统候选人。这适逢其时,因为共和党大会拟于6月7日在巴尔的摩召开。倦怠的林肯乐得接受弗里蒙特的出现。说到弗里蒙特时,他讲了伊利诺伊州人吉姆·杰特(Jim Jett)的故事。"吉姆总是说,他兄弟是前所未有的最可恶的浑蛋;但是蒙无限仁慈的上帝垂怜,他也是最可恶的傻瓜。"

有约翰·尼古拉等人在会上维护林肯,共和党大会平稳地过去了。现在局面已经明朗,党内大多数人依然支持林肯。林肯的主要策略是修正宪法,取消奴隶制在全国各地的合法性,以巩固奴隶解放的崇高地位。这样,未来的政府将无法通过就奴隶问题立法而推翻他的主要改革。

大会选出安德鲁·约翰逊为副总统候选人,他是联邦共和党人,林肯委派他到收复的田纳西州任州长。约翰逊是个农家子,靠自学成为裁缝。他痛感缺乏常规教育,对南部统治阶层态度严厉,但对普通农民很是亲切,因为自己就是从他们中间脱颖而出的。

第十五章

不过林肯连任的前景依然不妙。北部许多有影响的人物都屈服于厌战情绪，开始尝试与南部展开谈判。结束战事的渴望和对损失规模的感受，甚至明显地体现在流行歌曲中。像《当这场恶战过去》、《今夜住在旧营地》、《小心地告诉我母亲》和《是，我愿战争成为旧事》等，都属于风靡北部的歌曲，被身为姐妹和妻子的女人们弹着钢琴唱出。像《纽约论坛报》的霍勒斯·格里利，这么一个热心支持林肯的忠心耿耿的人，都径自与南部三名代表在加拿大的中立地带，尼亚加拉瀑布城开始了和谈。格里利把美国说成是"我们失血、破产、濒死的国家"。《纽约时报》的亨利·雷蒙德，另一个忠于林肯的人，也请求林肯开启和平谈判。南部仍然希望自己能够维持奴隶制度而实现独立，或者至少可以保留奴隶而重回联邦。当林肯得知后一提议，即保存奴隶制而重归联邦时，他明确表示，这是不可接受的。"有些人向我提出过，让曾在哈德孙港（Port Hudson）浴血奋战的黑人勇士重回奴隶制。"林肯愤慨地说，"我要是这么做，就该马上被打入地狱，永世不得翻身。"

夏天到来时，格兰特试图攻占里士满南面的彼得斯堡，从侧面包抄南部邦联首府。但李及时赶到，排兵布阵,并为己方构筑了一个精细的堑壕体系,起自阿波马托克斯河(Appomatox River)——河道在此紧挨拱卫着里士满及其铁路的堑壕——止于哈彻斯朗(Hatcher's Run)的高地,向西南延伸二十余英里。这条漫长的堑壕防线,被大多数评论家认为预示了20世纪的堑壕战。林肯知道,格兰特会深入其中并坚持下去,他也相信格兰特能"尽力撕咬和扼杀"。然而围攻彼得斯堡对部队并非好事——伤亡成了彼得斯堡长期消耗战中每天都要面对的现实。那年夏季,罗伯特从哈佛毕业回家,想要参军,但母亲不许他入伍,父亲也支持母亲的做法。最终,林肯在格兰特的参谋部为罗伯特安排了一个位置。

6月下旬,总统得到一个将蔡斯请出内阁的机会。林肯反对国务卿蔡斯对财政部一个职位的安排——它将由蔡斯的一名党徒出任——于是蔡斯递上了辞呈。林肯接受了。德雷德·斯科特案判决的始作俑者,首席大法官老罗杰·坦尼已经去世,林肯最终会委任蔡斯执掌最高法院。事实将证明那是明智的任命,因为政府的各项改革必须符合宪法,而蔡斯是认同这一点的。

蔡斯实际上被逐出了内阁,此事的公正性引发了争论。而对于重建问题,战后应如何对待南部,也是众说纷纭。在胜仗寥寥而伤亡惨重的时期，这些争执使国会中的共和党人出现了分裂。而对林肯连任的另一个打击是，邦联军的朱巴尔·厄尔利（Jubal Early）率领一支机动部队，沿谢南多厄河而上，攻占哈珀斯费里，又越过波托马克河，冲击华盛顿和巴尔的摩。厄尔利切断了出自华盛顿的电报线，推进到距士兵之家不足两英里的地方。林肯乘马车出城，到达史蒂文斯要塞（Fort Stevens），站在胸墙上，遥望联邦军士兵穿过郊外的原野，将厄尔利的邦联军逐出田地和果园。叛军狙击手朝胸墙射击，一名士兵在总统身旁倒下。

尽管厄尔利被击退，在林肯视察门罗要塞时，这次事件还是成为对格兰特提出的问题之一。怎么就让那家伙如此接近首都？格兰特下令让骑兵的一名将军菲尔·谢里登（Phil Sheridan），奔赴谢南多厄河谷，追赶并击败厄尔利的部队，谢里登将以他非凡的才干不折不扣地完成任务。

民主党的总统候选人有可能是麦克莱伦，这是个不祥之兆——他是个有种种理由不喜欢林肯的人，反对解放奴隶，愿意与杰斐逊·戴维斯媾和。不过，随着夏季临近，突然好事连连：亚特兰大落入舍曼之手，谢里登也在谢南多厄河谷三战连捷，把朱巴尔·厄尔利打得落花流水。

现在可以相信，虽然几周前还不是这样，但战争就要结束了。亚特兰大被夺取让麦克莱伦失了底气。有几个团在长期征战后从前线回来休整，林肯对他们的精彩讲话也使麦克莱伦泄气。北部人并非全都衷心准备重选"亚伯拉罕老爹"。10月19日，谢里登将军在锡达溪（Cedar Creek）又一次击垮厄尔利，帮助了林肯。

选举当天，白宫一片沉静。几乎没有请愿者出现。林肯本人在"工作室"，也就是总统办公室，跟约翰·海和记者诺厄·布鲁克斯闲聊着度过了平静的一天。他完全没有把握，却又急切希望自己稳操胜券。太阳终于下了山，晚上七点，林肯与两个忠诚的年轻人约翰·海和诺厄·布鲁克斯，到军事部去接收选举报告。时间已晚，夜色朦胧。天空见不到闪烁着希望之光的星星。最初的报告来自费城和巴尔的摩，情况似乎不错。林肯派了个人到白宫那边去，告诉玛丽有理由感到乐观。夜里晚些时候，胜选报告从印第安纳州传来时，林肯向朋友们分发了炸牡蛎晚餐。午夜过后，局面已经明朗，林肯获胜了。他先去看望玛丽,然后回了自己的卧室。林肯的老朋友,伊利诺伊州的律师沃德·希尔·拉蒙,这个在林肯看来总是在安全问题上小题大做的人,裹着毯子,佩好手枪和鲍伊刀——他这么做都懒得让林肯知道——全副武装地睡在总统的门外。拉蒙深信,连任总统使林肯比任何时候都更容易成为众矢之的,而林肯本人对自身安全的轻视是出了名的。

次日显示,林肯以五十万张普选票数击败麦克莱伦,并以二百一十二票对二十一票赢得了总统选举团的支持。绝大多数士兵都把票投给了林肯——这是出于一种晚辈的敬意。不过一些人评论道,选举过后,林肯显得比以前还要疲乏和衰老。看看1864年初马修·布雷迪拍摄的林肯像,再将其与1865年初亚历山大·加德纳(Alexande Gardiner)所摄的林肯像相比,就见得出一个急剧变老的过程——比先前业已显露的饱经忧患更明显——这不全是光线影响或照片颗粒的问题。林肯的疲惫是日积月累的。在南部,林肯被描绘成徒具人形的嗜血魔头;在现实中,他那棱角鲜明、悲天悯人的面孔,仿佛将士兵的牺牲写在了脸上。关于1864年11月给比克斯比夫人(Mrs. Bixby)的那封著名的信,虽然围绕写信者是谁有些争论——是林肯本人还是他的秘书约翰·海——甚至对比克斯比夫人五个儿子都死于联邦军中也不无异议(当然,她已经失去得够多了),但这封信本身就承认战争带给北部家庭的可怕冲击。"我在送阅的军事部档案中看到,"信中写道,仿佛那代表了整场战争的损失,"马萨诸塞州陆军副官长的报告表明,你就是有五个儿子在战场上光荣捐躯的那位母亲。"信中随后谈到,"献上自由祭坛的是代价如此高昂的牺牲"。

落实了总统职位后,林肯着手为新一届国会准备12月的咨文。咨文显示,他仍然在设想将黑人移民——他赞扬利比里亚出现的进步,说这个共和国"可望从美国的影响中汲取新的活力,而奴隶制度在美国的迅速消失增强了这种影响"。毕竟,在林肯成年后的大部分时间里,他和其他反奴隶制人士都认为,要将奴隶逐步解放而又不冲击美国劳动力市场,解决办法就是移民。废奴主义领袖们则相反,对移民设想大为不满,认为它逃避了奴隶是否可以成为美国公民的问题。他们视奴隶最终获得自由之日为其参政之时,可以适当地全面参与美国政治。然而,到1864年秋,林肯派独腿将军西克尔斯考察哥伦比亚,看那里是否适合前奴隶移民时,事情至此已很明显,移民最多也就是局部的和一定时期的。

林肯依然希望,诺福克(Norfolk)、费南迪纳(Fernandina)和彭萨科拉(Pensacola)等港口的开放,会降低偷越封锁线的吸引力。然而当务之急在于已提出的宪法第十三条修正案,在全美国废除奴隶制。它已经由参议院通过,但未能在众议院获得必要的三分之二票数。他敦促下一届国会如数通过(后来也的确如愿以偿)。

圣诞节时,他比往年此日更有理由快乐。舍曼将军发给他一份圣诞节电报:"作为圣诞节礼物,请允许我奉上萨凡纳(Savannah)①。"林肯不愿牺牲更多的人,但他的确不希望战争在第十三条修正案落实之前结束。两军的持续苦战和彼得斯堡城下的炮兵对决,打消了战争结束的任何可能。

如今第十三条修正案通过,南部邦联因而遭受重创,林肯便派弗朗西斯南下与杰斐逊·戴维斯谈判。弗朗西斯是密苏里州布莱尔家族的首领、刚被林肯解职的邮政总署署长的父亲。布莱尔带回了戴维斯的一封信,信中

---

① 萨凡纳,南部城市,在佐治亚州。

声明,对于可能将两国引向和解的任何会谈,南部邦联均有兴趣。林肯受不了"两国"的说法,但他还是让南部邦联寻求和解的三名特派员穿过彼得斯堡战线,到"河女王"号(River Queen)上与他和西沃德会面。"河女王"号是总统乘用的汽船,停在门罗要塞附近。林肯告诉三名特派员,他的和解条件是叛军放下武器、接受《解放黑人奴隶宣言》和服从联邦政府。他愿意渐进地实行奴隶解放,使用五年时间,并加以"公平赔偿",即公平的补贴。这对林肯来说,是非同寻常的妥协,有人也许会怀疑他是否真的提出过。但是林肯一回到华盛顿,就召集内阁开会,把这个提议告诉他们。他愿意以政府债券的形式向蓄奴州支付四亿美元,只要它们在4月1日"放弃和停止对国家权威的一切抵抗"。先前脱离而现已回归的州只要认定宪法第十三条修正案,另外一半数额的钱将随即支付。内阁成员一致反对这种想法,林肯也就只好放弃。况且南部邦联当局也未必会接受这些条件,因为他们反叛的理由就是使"特殊制度"(即奴隶制)具有法律效力,成为不容置疑的权利。

  亚伯拉罕·林肯以特有的仔细认真准备第二次就职演说。随着日子临近,许多谣言传到拉蒙和探长平克顿耳中,说总统将遭到绑架或暗杀。"我知道自己面临危险,"林肯向西沃德吐露,他知道无法制止仪式上的狙击手,"但我不会放在心上。""暗杀,"西沃德说,"不是美国人的做法或习惯,我们的政治体系不可能包容如此邪恶绝望的手段。"斯坦顿命令一个连的宾夕法尼亚部队在白宫草坪上宿营,可是林肯受不了指派士兵保护他的做法。晚上散步的时候,他想方设法溜出警卫圈。据说有一次,他极力地催促车夫,以便看看是否甩得掉骑兵卫队。

就职典礼之日是个阴冷的3月天。平台搭在国会大厦的东侧楼前,再度当选的总统登上台,在首席大法官蔡斯的主持下宣誓就职。他在仪式上发表了就职演说,仍然精短,开头看似平易,多了一份忧伤也更为举重若轻:

> 在这第二次宣誓就任总统的时候,不像第一次时那么有必要发表长篇演说。那时,对所要从事的事业做较为详细的说明,还显得应当应分。现在,任期届满之际,回首四年,在这场大战的每个重要时刻、每一阶段,都在不断地发布公告,而战事始终为全民所关注,也占

用了举国之能量,所以没有什么新的情况可以奉告。

四年前,"人人忧心忡忡,所有关心都指向一场迫在眉睫的内战。……双方都不赞成战争,但其中一方宁肯开战也不愿保存国家,而另一方宁肯应战也不愿目睹它灭亡"。

尽管解放奴隶已将战争提高到道义之战的层面,但连任总统在谈到奴隶制时,措辞仍是平心静气的:

> 全国人口的八分之一为有色人种奴隶,并非遍布合众国,而是处于南部。这些奴隶构成了一种特殊而重大的利益。人所共知,这一利益,在某种程度上,就是这场战争的起因。……双方都不曾料到,战争会扩展到如此大的规模,持续了这么长的时间……双方都寻求较为容易获取的胜利,期待不太彻底和不很惊人的结果。双方念诵同一部《圣经》,向同一位上帝祈祷,而每一方都祈求他帮着对抗另一方。居然有人敢于要求公正的上帝帮助,将他人的血汗化为

自己的面包,这会显得不可思议。不过我们不要加以评判,以免别人评判我们。

林肯说,每个人都希望和平。"然而,如果上帝要让战争持续,直到二百五十年来奴隶无偿苦干所积累的财富,通通化为乌有,直到鞭笞下的每一滴血,都由刀剑下的另一滴血偿还……那么我们仍然只能说:'主的审判是完全正确公正的。'"

接下来是引起共鸣的段落,它使演讲足以长存人心,讲到战后重建时应有的精神:"对任何人都不怀恶意,对所有人都宽大为怀。坚持上帝指引我们看清的正义,让我们奋力完成未竟的工作,包扎国家的创伤……"

林肯没有花时间细讲任何胜利,因为他知道它们是以鲜血写在人们心中的。他也没让约翰逊副总统提到它们,因为约翰逊虽然不嗜酒,但还是为抵御伤寒发作而喝了太多的威士忌。在随后的白宫招待会上,沃尔特·惠特曼看到了林肯。他说,林肯看上去郁郁不乐,仿佛宁愿待在其他任何地方。惠特曼写到了"那张脸上深藏的忧愁"。

3月中旬,林肯由于过度疲劳和"疑病"而累垮了,还饱受多梦折磨。3月14日,被风寒和疲惫击倒,他不得不请内阁成员到他的病榻旁开会。不过,前线传来的消息鼓舞着林肯。身体稍好了些,他高兴地乘坐"河女王"号南下切萨皮克湾,驶入詹姆斯河,前往西蒂波因特(City Point),距彼得斯堡前线大约十英里。塔德和玛丽陪伴着他。在西蒂波因特的第一个上午,林肯由塔德陪着,登上港口背后的悬崖,眺望大片的军用仓库和詹姆斯河两岸的船只,北往里士满,南往彼得斯堡。这样蔚为壮观的后勤规模,正是他的持久努力所造就的。

罗伯特现在是格兰特的参谋部上尉。他来见父亲,两人一起吃早饭。罗伯特告诉他,那天早上在斯特德曼要塞(Fort Stedman),沿铁路往南只有几英里的地方,李曾尝试突围,已被击退。林肯由罗伯特陪同,乘军用列车去巡视,只见阵亡的邦联军士兵和联邦军士兵混在一起,散乱地倒卧在草地上与灌木丛中,铁路沿线还有一排排的大批伤员。

第二天,林肯去视察爱德华·奥德(Edward Ord)将军的詹姆斯军团,由同样骑着马的奥德夫人陪同。据说她是个漂亮女人。视察过程中玛丽也到了,林肯和奥德夫人便骑马去迎她。不料当着众人的面,玛丽对将军夫人口出恶言,直斥她卖弄风情妄自僭越,骑行在属于总统夫人的位置上。林肯忙安抚她,恳求道:"太太,别这样。"她也置之不理。在军队面前发飙而使众人难堪,玛丽这是第二次了——一年前,在拉帕汉诺克河畔的胡克营地,阿格尼丝·萨尔姆-萨尔姆公爵夫人(Princess Agnes Salm-Salm),一名普鲁士军官娇小的妻子①,曾当众吻了林肯一下。玛丽因此醋意大发。直到夜里,下属们还听得到林肯帐篷中的争吵声。

不管怎样,让奥德夫人领教到下马威之后,玛丽掉头折回"河女王"号,最终提前返回了华盛顿。

近3月底时,亚特兰大的胜利者和整个战争的先知舍曼口衔雪茄,领带打法更像诗人而非将军,来到西蒂波因特,与林肯和格兰特会面。舍曼的部队此时正在北卡罗来纳州,只待向北挺进。但格兰特希望,趁林肯还在西蒂波因特时一举歼灭李。

---

① 阿格尼丝为美国人,其夫费利克斯·萨尔姆-萨尔姆公爵是个雇佣军人。

第十六章

南北战争的决定性行动是在 3 月 29 日夜间开始的。格兰特向西面一个名为"五棵橡树"(Five Oaks)的村庄发起攻击,从而由侧面包抄南部邦联在彼得斯堡周边的战线。4 月 1 日的一场战斗最为激烈。当天,一名随军记者离开战场,来到"河女王"号上,送来了南部邦联的一些军旗。林肯在"河女王"号上依靠地图关注战事发展,个别时候也深入战壕视察。4 月 3 日早上,消息传来,李在夜里撤出了彼得斯堡。

林肯带着塔德进入彼得斯堡,与格兰特将军会面,林肯怀着谢意紧紧握住了格兰特的手。他们在西蒂波因特回到船上时,林肯得知,敌人也放弃了里士满。林肯和塔德及卫队再度出发,乘"马尔文"号(Malvern)炮艇溯詹姆斯河而上,前往南部邦联的首府。在里士满的码头登陆,林肯所接收的是一座已成废墟的城市——南部邦联的人烧毁了它。上岸时,一些黑人男女围住林肯,呼叫着他的名字,高喊着上帝对他的祝福,歌唱着荣光。这是个奇异的时刻。林肯,他曾与这座城市为敌这么多年,只由区区十几名水手护卫;留下来的白人市民,他们没有逃往丹维尔(Danville),但也憎恶林肯,躲在严实的门窗帘后窥视,而在劫后荒凉的街道上,一群黑人围着林肯起舞。一名骑兵卫士到来,引领林肯抵达军事指挥部——杰斐逊·戴维斯的官邸。戴维斯已从这里出逃。林肯在一些空荡荡的房间里转了转,要了一杯水。他坐到杰斐逊·戴维斯的座椅上时,受到了指挥部里人们的欢呼。

威廉·西沃德,林肯内阁的国务卿,在一次车祸中受伤后回到拉斐特广场的家中休养。当发现林肯打算让反叛州弗吉尼亚重开州议会,以处理该州重建的民事事务时,西沃德与内阁其他成员同样震惊。他们着手劝阻林肯,告诉他,内阁不会赞同这种想法,即由联邦政府同意而允许不知悔改的反叛议员们继续执政。

在此期间,玛丽由莉齐·凯克利陪同回到西蒂波因特,林肯夫妇再度造访了里士满。4月9日晚,"河女王"号从里士满返回华盛顿时,斯坦顿交给总统一封格兰特发来的电报:今晨李向北弗吉尼亚之政府军投降。

第二天,全城的或者说几乎全城的人欢欣庆祝。约翰·威尔克斯·布思(John Wilkes Booth),一个曾经气急败坏地目睹林肯第二次就职的大演员,没有分享这份普天同庆的喜悦。4月11日晚,人群涌入白宫草坪。现场回旋着颂歌,人们要求总统发表讲话。和平使人们"不由得喜形于色",林肯说。不过现在,重建的问题摆在面前。"对于重建的方式、方法和手段,我们,忠诚的人们之间见解不一,这也是不小的额外困惑。"林肯向听众提到路易斯安那州的局势,在那里,联邦的州议会是反对赋予黑人选举权的。他在草坪上清楚地表达对当地情况的深思,结果是讲话结束时只响起了礼节性的掌声。这种含混的反应使他气馁。约翰·威尔克斯·布思也见证了当天晚上的活动。布思出身于马里兰的一个演员家庭。哥哥埃德温是演艺界名人。据说在新泽西一个火车站的一次事故中,埃德温救过罗伯特·林肯的命。埃德温还是个虔诚的联邦派。南北战争期间,约翰·威尔克斯·布思一直选择住在北部,但他憎恨林肯,认为林肯是美国版的恺撒,是纯正的共和政体价值观的破坏者。就是不久前,在华盛顿,林肯还观看过悲剧《冷酷的心》(*The Marble Heart*)中布思的表演,并不知道这个演员对他有多么深恶痛绝。布思组织起了一伙行动骨干,包括南部邦联的密探约翰·萨拉特(John Surratt)。萨拉特的母亲在乔治敦拥有一所公寓。这伙人曾着手一个计划,打算于3月30日的夜里,在从士兵之家到华盛顿的路上劫持林肯,用他来换取南部的独立。然而林肯的马车未能出现。于是现在，布思指定同伙去杀掉国务卿斯坦顿和西沃德。他自己要去对付那个暴君。

4月的第二周，拉蒙还在一旁时，玛丽责备林肯说他的脸板得难看极了。林肯解释道，他做了个梦，使他感到烦恼。据拉蒙讲，林肯是这样说的：

> 大约十天前，我回来得很晚，因为一直在坐等前线发来的一些要件。我上床没多久就沉沉睡去，我是累了。我很快做起梦来。周围似乎是死一般的静止。这时我听到压低的呜咽声，好像有些人在哭泣。我想我下了床，走到楼下。在这里，寂静被同样伤心的呜咽声打破，但悲泣的人们不见踪影。我逐个房间查看。看不到有人活动，但一路迎来的都是同样悲伤的哭声……事情是如此诡异，如此惊人，我决心找出原因，继续查看，直到抵达东厅，走了进去。眼前的景象出乎意料，让人难受。迎面是一张灵床，上面躺着一具尸体，身着入殓的服装。周围是一些礼兵，肃立护卫着……"白宫里谁死了？"我问一个士兵。"是总统，"士兵答道，

"他被刺客暗杀了!"这时人们放声大哭起来。

"太可怕了,"玛丽说,"但愿你没讲这个梦。"林肯则宽慰她说,这梦意味着将要遇刺的是另一个人,不是他,因为梦从来都是反的。

4月14日,耶稣受难日,救世主死于十字架上的日子,内阁召开会议,格兰特将军参加了。会议广泛而激烈地讨论重建问题,不过总的气氛是欢快的。林肯夫妇当晚还要去看戏,因为福特剧院的约翰·福特(John Ford)送了票来,是劳拉·基涅(Laura Keene)义演的闹剧《我们的美国表兄》(*Our American Cousin*)。在耶稣受难日余下的时间里,林肯发布了若干赦免令和缓刑令。大约在五点钟,林肯夫妇乘车驶出白宫大门前往海军工厂。林肯对玛丽说:"以后我们两人都得更快乐些。在战争和失去亲爱的威利期间,我们过得太苦了。"这句"都得更快乐些"的口吻带着酸楚。不管怎样,他看到自己的第二个任期和平结束,然后他们可能会出游,到加利福尼亚,还会去圣地①。

---

① 圣地,即巴勒斯坦,耶稣的故乡。

他们在六点与七点之间回到白宫吃晚饭。玛丽想要推掉看戏的安排,他们原本要跟参议员哈里斯的女儿及其未婚夫拉思伯恩少校一起出席。不过林肯说,尽管自己也累了,但他还是需要大笑一场。出门之前,林肯和一名侦探赶到军事部去,看看关于预期中北卡罗来纳局部地区邦联军的投降,有没有什么消息。随后,林肯和玛丽登上总统马车。玛丽着灰色丝绸连衣裙,戴帽子;林肯穿大衣,戴白色羔皮手套。去剧院途中,他们接哈里斯小姐和拉思伯恩少校上车。八点三十分,林肯夫妇及其客人下车进入剧院。观众起立朝他鼓掌。在《向首领致敬》("Hail to the Chief")的音乐中,总统一行往舞台上方的贵宾包厢走去。

演出开始。剧情吸引了总统。舞台上,那个回到英格兰,惹恼了英国亲戚的美国表兄大叫着:"不懂上流社会的规矩,是吧?好,我想我知道得很多,足以把你揭个底朝天,老娘们儿——你个坑人的老东西。"正当此时,布思来到总统包厢,准备好一枪打死林肯。他是从过厅攀上楼梯间到的二楼正座,侧身穿过后排观众,引发的主要反应是他们的一阵抱怨。然后他朝白宫侍者亮了亮一张卡片。这时,本应在包厢中护卫林肯的华盛顿警察去了二楼正座前部,身为演员的布思又是一张熟脸,侍者就放他进入了总统包厢。布思立即举起一支德林杰①,对准林肯脑后,左耳旁。子弹射入林肯头骨左侧,从右侧穿出。刺客随后用匕首砍伤了拉思伯恩少校的手臂,又抓着剧院大幕朝舞台爬下去,一只靴子的马刺刮到幕布上,让他重重地跌落,摔裂了胫骨。布思在舞台上叫道:"Sic semper tyrannis!"②也许是"南部终将自由!"有些观众纳闷,不知这些叫唤是不是剧中的台词,因为布思是人们如此熟悉的演员。拉思伯恩少校和哈里斯小姐都朝人们大喊着抓住布思,但没人抓住他。布思经由阿纳科斯提亚桥(Anacostia Bridge)逃往弗吉尼亚,不过两周后将被击毙,那时当局点燃了罗亚尔港(Port Royal)附近一座烟草仓库,他正藏匿于其中。

一名军医进入包厢抢救总统,着手清理他的喉咙。军医为他施行人工呼吸,按摩心脏部位。心脏的确恢复了跳动,然而军医低声说:"他的伤是致命的,不可能复原。"玛丽哭叫道:"噢,上帝,我就让丈夫这么死了

---

① 德林杰,一种单发、前膛装填的手枪。
② 拉丁语:暴君下场如此!

吗？"医生非常担心把林肯扶起来会导致当即死亡，指示让他保持平躺的姿势。

位于第十街的剧院对面是一所公寓，有位房客喊道，可以把总统安顿到那里。人们把林肯送进公寓一间内室，安放在一张有四根帷柱的床上。跟进来的玛丽哭叫道，她得把塔迪找来——林肯这么爱塔迪，塔迪的声音会唤醒他的。医生们知道这无济于事，把玛丽带去了前厅。罗伯特赶来了，到场的还有约翰·海、哈勒克将军、国务卿韦尔斯和斯坦顿，以及参议员萨姆纳。罗伯特看见父亲的眼球凸出，眼窝青紫。萨姆纳在总统死去时握着他的手。斯坦顿流着泪，当即在公寓里组织起调查庭。玛丽过来探看已处于弥留状态的林肯，哭叫道："亲爱的，哪怕多活一会儿对我再说一次话——对孩子们说说话。"《我们的美国表兄》女主角，演员劳拉·基涅陪伴着玛丽，当玛丽没守在林肯床边时极力安慰她。林肯于次日晨七时二十二分停止了呼吸。对于林肯的逝世，斯坦顿的话恰如其分："现在他属于所有的时代了。"

他已经成为这个血染的国家的化身。

（2014年5月10日译毕）

参考文献

"亚伯拉罕·林肯档案"(The Abraham Lincoln Papers)保存在华盛顿哥伦比亚特区的国会图书馆,包括称为"林肯书信总集"(Lincoln General Correspondence)的约两万封往来信件、演讲、公告草稿——1863年1月1日的《解放黑人奴隶宣言》亦在其中——和一些印刷品资料。信件最早的日期为1833年,随后逐年编排至林肯去世后,最晚者为1916年。自不待言,主体部分出自1850—1865年间。档案系列之一,为林肯之子罗伯特·托德·林肯所收集的文献;系列之二,为林肯的秘书约翰·尼古拉所收集的文件;系列之三,为出自其他更晚近来源的资料。由于别的事务,我曾在国会图书馆盘桓有时,但我所在的国家与之相隔万里,我的住所离堪培拉的澳大利亚国家图书馆也有四个半小时车程——该馆藏有美国国会图书馆缩微胶卷的副本。所以,我欣喜地发现,得益于捐助者的慷慨，国会图书馆现已能够将其林肯馆藏的主体，61000 帧图像（或图或文，每页计为一帧），发到互联网上。看来，至少对于我这个普通读者，他们业已提供了几乎所有的重要文件，甚至有些是出现时间极为短暂的。

国会图书馆所藏的许多原稿有缩微胶卷可供查阅，也以印刷品的形式另外存在。《亚伯拉罕·林肯文集》(*The Collected Works of Abraham Lincoln,* 1953)，由罗伊·巴斯勒（Roy H. Basler）编辑，共八卷，加上后来的两卷补编（1974，1990），是印行的林肯文献之集大成者。该书亦有电子版。它先以简本《亚伯拉罕·林肯，演讲和著作》(*Abraham Lincoln, His Speeches and Writings,* 1946) 出版，其平装本现在也不难找到。更早些并且著名的《亚伯拉罕·林肯全集》(*Complete Works of Abraham Lincoln,* 2 卷)，由林肯的秘书约翰·尼古拉和约翰·海编辑，出版于 1894 年。

关于南北战争，印行的首要文献资料，为美国军事部（U. S. War Department）的《叛乱的战争：联邦军和邦联军官方档案汇编》(*The War of the Rebellion: A Compilation of the Official Records of the Union and Confederate Armies,* 128 卷，1880—1901)。书中收录了

难以计数的军事报告、急件、备忘录和伤亡汇报，其中可以见到林肯与将领们言辞激烈的通信。借助间接资料的指点，读者可以在林肯麾下指挥官们的大量行伍用语、遁词、胜利和绝望中，一窥林肯形象生动的语言风格。

不过，这个军事方程的第三大要素，是国会两院联席战争指导委员会，其领导者为两名参议员，本杰明·韦德和扎卡赖亚·钱德勒。联席委员会既不同意林肯对战争的指导，也不同意许多高级军官的指导，认为其中充斥着分裂情绪。它的《国会两院联席战争指导委员会报告》(*Report of the Joint Committee on the Conduct of the War*) 于1863年出版了三卷，1865年又出版了三卷。在这些报告中，可以见到联席委员会经常试图迫使林肯采取行动或做出任命。

继为1860年竞选而编写的林肯传记，以及林肯遇刺后骤然冒出的那些传记之后，第一部可靠的林肯传记，是霍兰（J. G. Holland）所著的《亚伯拉罕·林肯的一生》(*Life of Abraham Lincoln*, 1866)。它记述详细，只是理想化了，而且显得部分地决意维护林肯，反对那些指责林肯不"可敬"和缺乏稳定基督教信仰的人。林肯的友人兼自封保镖沃德·希尔·拉蒙在1872年出版了《亚伯拉罕·林肯的一生》(*The Life of Abraham Lincoln*)。该书的作者实际上不是拉蒙，而是布坎南总统的司法部长之子昌西·布莱克（Chauncey Black），所依据的资料和口述证词由拉蒙获取，但由林肯最后的法律合伙人威廉·赫恩登采集。在以演讲的形式编写其中一些资料时，赫恩登自己也发现不妥，会引起斯普林菲尔德人或林肯家人的反感。本来拉蒙还有意写第二卷，讲述林肯的总统生涯，不料第一卷引发了私生子身份、夫妻不睦和神学怀疑等话题，从而不仅为玛丽·托德·林肯和罗伯特·托德·林肯母子所憎恶，更沦为国人的众矢之的，第二卷也就再无下文。

最终，是可敬的威廉·赫恩登自己，于1889年写出了《林肯：一位伟人的真实故事》(*Lincoln: The True Story of a Great Life*)，内容可靠而材料扎实。在我看来，霍兰、拉蒙和赫恩登著作的非凡价值之一，是这些人生活在林肯的圈子里，尤其是林肯居于桑加蒙县和斯普林菲尔德的时期。他们对政治活动，对阶层问题，对废奴主张和种族主义（常常并存于同一个人心中）之间的矛盾，对边远地区文明社会的整个脆弱机制，都具有第一手的了解。

赫恩登的书问世后，关于其资料来源的确切性众说纷纭，争执激烈，无止无休。1889 年时，曾提供资料的许多人业已追随其伟大的朋友兼熟人遁入黑暗，尚在世的也已行将就木。一方是同时代人的证词，另一方是客观凭据与可能性，两者相较而产生的种种问题，均在道格拉斯·威尔逊（Douglas I. Wilson）的《名誉的声音：亚伯拉罕·林肯形象的变换》（*Honor's Voice: The Transformation of Abraham Lincoln*，1998）中得到出色的关注。该书通过对传说和口述的考证，栩栩如生地还原了 1860 年之前的林肯。与之类似，威尔逊 1997 年出版的论文集《进入华盛顿之前的林肯——对伊利诺伊时期的新见解》（*Lincoln Before Washington, New Perspectives on the Illinois Years*），谈及的问题林林总总，包括林肯任国会议员时在国会图书馆所读的书，林肯与约书亚·斯皮德、玛丽·托德和安·拉特利奇的关系，乃至林肯政治生涯及思想与杰斐逊政治生涯及思想二者之异同，等等。

我这个年龄的许多外国读者——美国读者自不待言——对林肯故事的进一步了解，首先是经由卡尔·桑德伯格（Carl Sandburg）的著作取得的。其丰赡奔放的文字，在重现拓荒者的劳动生活和政治活动方面，仿佛与阿伦·科普兰（Aaron Copland）的音乐作品遥相呼应。桑德伯格的《亚伯拉罕·林肯：草原年代》（*Abraham Lincoln: The Prairie Years*，2卷，1926）和《亚伯拉罕·林肯：战争年代》（*Abraham Lincoln: The War Years*，4卷，1940），至今读起来仍犹如交响乐般雄浑辉煌，虽然在专业的历史学家眼中，它们对资料的来源有失取舍。

我所钟爱的出自现代人之手的林肯综合性传记，是斯蒂芬·奥茨（Stephen B. Oates）的《与人为善》（*With Malice Toward None*，1977）。它显得将学术性、生动的笔调、出色的场景与人物刻画熔于一炉。我把它作为了解林肯的入门书，推荐给一般读者。林肯的生活如此纷繁复杂，手边不妨备一部实用的工具书，以便查阅他大量的熟人、朋友、亲属、同僚、对手等等，这就是马克·尼利（Mark E. Neely）的《亚伯拉罕·林肯百科全书》（*The Abraham Lincoln Encyclopedia*，1984）。

阿伦·圭尔佐（Allen C. Guelzo）的《亚伯拉罕·林肯，救赎者总统》（*Abraham Lincoln, Redeemer President*，1999）可称杰作。它固然是充分意义上的传记，更将林肯一生的种种事件都置于哲学的、文化的和神学的背景之下。圭尔佐著作所讲述的林肯故事，不仅是政治以及其他行为的记录，又是那个时代思想冲突的高度体现。对于林肯与长老会教义新旧两派的不稳定关系，和林肯关于预定论的精神折磨，圭尔佐的解释大大增进了人们对林肯内心的理解。林肯改革措施的影响，以及它们的哲学基础，在詹姆斯·麦克弗森（James M. McPherson）的论著《亚伯拉罕·林肯和第二次美国革命》（*Abraham Lincoln and the Second American Revolution*，1991）中同样得到了考证。特别作为对圭尔佐和麦克弗森的回报，我在自己这本小书中，已力图重现一种意识，林肯的指导性政治原则的意识，因为像亨利·克莱所传递的那些理念，为林肯的公众和私人生活增添了一个维度，而没有这个维度的话，在种种事件中，他的一生就会缺乏解释。

显而易见，林肯和玛丽·托德·林肯都是复杂多面、躁动不安的人物。林肯看来有时严重抑郁，玛丽则显示了极端的喜怒无常。关于亚伯拉罕的内心，最有名的著作也许是利昂·皮尔斯·克拉克（Leon Pierce Clark）的《林肯，一部心理传记》（*Lincoln, a Psychobiography*）。罗伊·巴斯勒认为它的文字过于弗洛伊德化，例如，追踪"林肯强大的超我的发展……直至它在对父亲的恐惧中的弗洛伊德式起源"。

关于林肯出众超群而影响深广的口才,加里·威尔斯在《林肯在葛底斯堡:再造美国的话语》(*Lincoln at Gettysburg: The Words That Remade America*,1992)中,为葛底斯堡演说添置了复杂多样的文化和历史背景。

至于林肯的婚姻这一引人注目的论题,除了赫恩登的书和其他资料,还有凯瑟琳·赫尔姆(Katherine Helm)的《玛丽,林肯夫人的真实故事》(*The True Story of Mary, Wife of Lincoln*,1928)。此书出自埃米莉·赫尔姆的女儿之手,记述了大量事件,玛丽与其异母妹妹埃米莉的争执对书的内容有所影响。鲁思·佩因特·兰德尔(Ruth Painter Randall)的《玛丽·林肯:一场婚姻的始末》(*Mary Lincoln: Biography of a Marriage*,1953),捍卫玛丽在恋爱和婚姻中的地位,因而敌视赫恩登等人,他们把玛丽描绘成悍妇,将林肯夫妇的婚姻生活形容为"冰窖"。琼·贝克(Jean A. Baker)所著《玛丽·托德·林肯传》(*Mary Todd Lincoln: A Biography*,1987),是对玛丽·托德一生的现代叙述,笔法娴熟,从童年一直讲到凄凉之至的孀居结局。

在谈及 19 世纪中叶的华盛顿时，我得力于查尔斯·狄更斯（Charles Dickens）在《游美札记》（*American Notes*）中嘲讽的、也许算不上尖刻的描述。我是在该书 1842 年初版的 1996 年再版本中读到它们的。记者、林肯友人诺厄·布鲁克斯所著的《林肯时代的华盛顿》（*Washington in Lincoln's Time*，编辑赫伯特·米特甘，1958）一书，可贵之处在于既为实证，又是彼地彼时的生动记录。戈布赖特（L. A. Gobright）的《回忆华盛顿三十年人与事》（*Recollection of Men and Things at Washington During the Third of a Century*, 1869），与其有异曲同工之妙。玛丽·洛根（Mary S. C. Logan）的《华盛顿三十年》（*Thirty Years in Washington*），或者《我国首都面面观》（*Life and Scenes in Our National Capital*，1901），以及玛丽·克莱默·埃姆斯（Mary Clemmer Ames）的《华盛顿十年》（*Ten Years in Washington*，1874），对首都生活都写得爱憎分明，因为那里的善恶两类事例俯拾皆是。在 19 世纪四五十年代的华盛顿，南部人在多大程度上控制了社交界，乃至在林肯的国会议员任期中，玛丽和亚伯拉罕曾怎样被视为圈外人，可以在下述回忆录中一窥究竟：玛丽·博伊金·米勒·切斯纳特（Mary Boykin Miller Chesnut）的《出自南部的日记》(*A Diary from Dixie*, 1905)、弗吉尼亚·克莱(Virginia Clay)的《五十年代丽人行：亚拉巴马的克莱夫人回忆录》(*A Belle of the Fifties: Memoirs of Mrs. Clay of Alabama*, 埃达·斯特林编, 1905), 以及萨拉·阿格尼丝·普赖尔(Sara Agnes Pryor)的《和平与战争的回忆》(*Reminiscences of Peace and War*, 1904)。

林肯的一名秘书, 威廉·斯托达德(William O. Stoddard), 在《战时白宫内部：林肯秘书的回忆与报告》(*Inside the White House in War Times: Memoirs and Reports of Lincoln's Secretary*, 迈克尔·伯林盖姆编, 2000)一书中, 以生动的文字, 为林肯的家庭、林肯的客人, 以及他的工作习惯做了一系列速写, 读来引人入胜。妮蒂·科尔伯恩·梅纳德(Nettie Colburn Maynard)的《亚伯拉罕·林肯信神吗？降神生涯揭秘》(*Was Abraham Lincoln a Spiritualist? Curious Revelations from the Life of a Trance Medium*, 1891)一书, 从一名降神师的视角, 展现林肯为了玛丽的情绪稳定, 允许巫师在白宫里装神弄鬼的程度。所述令人震惊。

有关林肯与南北战争的间接资料, 同样不乏优秀之作。加博·博里特（Gabor S. Borritt）出版过一本内容精彩的论文集《林肯的将军们》（*Lincoln's Generals*, 1994），收有其本人撰写的《林肯、米德与葛底斯堡》一文。其他作者为马克·尼利、斯蒂芬·希尔斯（Stephen W. Sears）、迈克尔·菲尔曼和约翰·西蒙。在这本书中，再度可见林肯关于战事的种种极为敏锐的思路，亦可见到麦克莱伦和胡克的支吾搪塞、格兰特的坚忍不拔，以及舍曼无情而华丽的张扬。亨利·斯蒂尔·康马杰（Henry Steele Commager）的《北军与南军》（*The Blue and the Gray*，2卷，1973）和詹姆斯·麦克弗森（James M. McPherson）的《为自由而战的呐喊》（*The Battle-Cry of Freedom*, 1988），作为资料详察纵览，巨细无遗。而且，后者不仅仅是军事史实的记述，它将战争置于社会、文化和政治的背景中，就这位并非专治史学的作家而言，它当属一部眼光独具的杰作。

关于单个指挥官和战斗的著作不胜计数，这里只能略加提及，它们都对本书的写作提供了裨益。克拉伦斯·麦卡特尼（Clarence E. N. Macartney）的《格兰特及其麾下的将军》（*Grant and His Generals*, 1953），描绘了格兰特是如何出色地作战，顽强地将战争打到底的。

斯蒂芬·希尔斯在《兵临里士满城下》(*To the Gates of Richmond*, 1992)中记述了半岛战役,在《血染江山》(*Landscape Turned Red*, 1983)中记述了安提塔姆战役,在《钱瑟勒斯维尔》(*Chancellorsville*, 1996)中记述了钱瑟勒斯维尔战役。我当初写《美国无赖》(*American Scoundrel*)一书时参考过的各种著作也很有用,随手可以举出朱莉娅·洛里拉德·萨福特·巴特菲尔德(Julia Lorrilard Saffort Butterfield)的《纪念丹尼尔·巴特菲尔德将军,一部传记》(*A Biographical Memorial of General Daniel Butterfield*, 1904)、西奥多·艾罗尔特·道奇(Theodore Ayrault Dodge)的《钱瑟勒斯维尔战役》(*The Campaign of Chancellorsville*, 1881)、《葛底斯堡翌日》(*The Second Day at Gettysburg*, 加里·加拉格尔编, 1993),以及沃尔特·赫伯特(Walter Herbert)的《与乔·胡克作战》(*Fighting Joe Hooker*, 1944)。亨利·埃德温·特里梅因(Henry Edwin Tremain)的《两日战事:葛底斯堡纪实》(*Two Days of War: A Gettysburg Narrative*, 1905),写法采取西克尔斯的《三兵团在葛底斯堡》(*III Corps at Gettysburg*)的路子。里吉斯·德特罗布赖恩德(Regis de Trobriand)的《在波托马克军团的四年》(*Four Years with the Army of the Potomac*，1889）则是一名军官的回忆录，他在这支部队中晋升到将军。对于述及林肯与南北战争必备的种种背景真实性，该书无疑为可靠资源。

企鹅人生
Penguin Lives

乔伊斯	[爱尔兰] 埃德娜·奥布赖恩 著
简·奥斯丁	[加] 卡罗尔·希尔兹 著
佛陀	[英] 凯伦·阿姆斯特朗 著
马塞尔·普鲁斯特	[美] 爱德蒙·怀特 著
伍尔夫	[英] 奈杰尔·尼科尔森 著
莫扎特	[美] 彼得·盖伊 著
安迪·沃霍尔	[美] 韦恩·克斯坦鲍姆 著
达·芬奇	[美] 舍温·努兰 著
猫王	[美] 鲍比·安·梅森 著
圣女贞德	[美] 玛丽·戈登 著
温斯顿·丘吉尔	[英] 约翰·基根 著
亚伯拉罕·林肯	[澳] 托马斯·基尼利 著

Simplified Chinese Copyright © 2015
by SDX Joint Publishing Company
All rights reserved.
本作品中文简体版权由生活・读书・新知
三联书店所有。
未经许可，不得翻印。

First published in the United States under the
title of **Abraham Lincoln** by **Thomas Keneally**
Published by arrangement with
**Lipper Publications, L.L.C and Viking,
a member of Penguin Group (USA) Inc.**
All rights reserved.

A Lipper / Penguin Book

"企鹅"及其相关标识是企鹅图书有
限公司已经注册或尚未注册的商标。
未经允许，不得擅用。
封底凡无企鹅防伪标识者均属未经授
权之非法版本。

图书在版编目（CIP）数据

亚伯拉罕・林肯 /（澳）基尼利著；丁建新译．
—北京：生活・读书・新知
三联书店，2015.3
（企鹅人生）
ISBN 978-7-108-05211-7

Ⅰ．①亚⋯　Ⅱ．①基⋯　②丁⋯
Ⅲ．①林肯，A.（1809~1865）—传记
Ⅳ．① K837.127=41

中国版本图书馆 CIP 数据核字（2014）
第 312136 号

总 译 审	胡允桓
策划编辑	刘　靖
责任编辑	颜　筝
特约编辑	赵　轩
装帧设计	蔡立国　索　迪
版式设计	薛　宇
封面版画	袁亚威
责任印制	卢　岳
出版发行	生活・读书・新知 三联书店
	北京市东城区美术馆东街 22 号
邮　　编	100010
网　　址	www.sdxjpc.com
图　　字	01-2015-0172
经　　销	新华书店
印　　刷	北京市松源印刷有限公司
版　　次	2015 年 3 月北京第 1 版
	2015 年 3 月北京第 1 次印刷
开　　本	787 毫米 ×1092 毫米 1/32
字　　数	120 千字　印张 8
印　　数	0,001—8,000 册
定　　价	36.00 元

印装查询：010-64002715
邮购查询：010-84010542